大國速度 百年京張

大国速度
百年京张

李蓉 齐中熙 / 著

China Foreign Languages
Publishing Administration
中国外文出版发行事业局

外文出版社
FOREIGN LANGUAGES PRESS

图书在版编目（CIP）数据

大国速度 百年京张 / 李蓉 , 齐中熙著 . –– 北京：
外文出版社 , 2020.10
ISBN 978-7-119-12547-3

Ⅰ . ①大… Ⅱ . ①李… ②齐… Ⅲ . ①高速铁路 – 铁路工程 – 工程建设 – 概况 – 中国

Ⅳ . ① F532.3

中国版本图书馆 CIP 数据核字 (2020) 第 206356 号

封面题字：郭宝庆

出版指导：陆彩荣　徐　步
出版统筹：胡开敏
责任编辑：于晓欧　张志凡
装帧设计：闫志杰
版式设计：王春晓
印刷监制：秦　蒙

图片摄影：

孙立君　腾　俊　颜小勤　翟现亭　杨宝森
冯　凯　罗春晓　罗一童　李　博　李　琪
徐　刚　张家琪　汪旭光　刘建中　刘权国
陶虹明　王佳辉　候国亮　刘家豪　谢崇志
王兵华　刘福昌　武立冬　金　森　苏　衍
杨　溪　任卫云　张　源　马相林　云广山
中国铁道博物馆

大国速度　百年京张

李蓉　齐中熙　著

©2020 外文出版社有限责任公司

出 版 人：徐　步
出版发行：外文出版社有限责任公司
地　　址：北京市西城区百万庄大街 24 号
邮政编码：100037
电子邮箱：flp@cipg.org.cn
电　　话：008610-68320579（总编室）
008610-68995852（发行部）
008610-68996057（编辑部）
008610-68996183（投稿电话）
印　　刷：北京博海升彩色印刷有限公司
经　　销：新华书店 / 外文书店
开　　本：889mm×1194mm, 1/16
印　　张：18.5
版　　次：2020 年 11 月第 1 版 第 1 次印刷
装　　别：精装
书　　号：ISBN 978-7-119-12547-3
定　　价：90.00 元

天　地　合　德　　百　年　京　张

夕阳下，"复兴号"行驶在官厅水库特大桥上

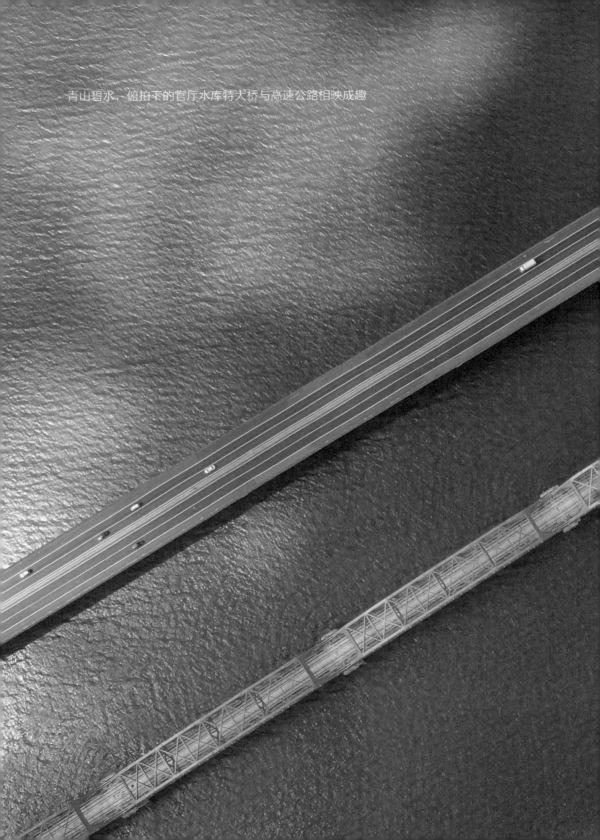
青山碧水，俯拍下的官厅水库特大桥与高速公路相映成趣

"复兴号"穿越"钢铁巨龙"官厅水库特大桥

雪霁天晴，"复兴号"即将穿越居庸关隧道

序

百年京张 筑梦之路

北京西郊，长城脚下，有两条铁路并肩而上。他们，都在中华民族发展史上刻下浓墨重彩的一笔；他们，铺就了中华民族百年民族复兴的筑梦之路。

有百年历史的京张铁路，是见证百年前中国人民不屈不挠的"争气路"；新开通的京张高铁，是开启智能高铁新时代的"先行者"。青山中的两条铁路，仿佛两个时代的时空交错。

"天地合德，百年京张。"在中国人心目中，京张铁路有着非比寻常的地位。

110年前，京张铁路横空出世，打破了外国人"中国人不能自建铁路"的妄言；110年后，京张高铁通车，在中华民族百年求索和民族复兴之路上续写下新的荣光。

"1909年，京张铁路建成；2019年，京张高铁通车。从自主设计修建零的突破到世界最先进水平，从时速35公里到350公里，京张线见证了中国铁路的发展，也见证了中国综合国力的飞跃。回望百年历史，更觉京张高铁意义重大。"习近平总书记对京张高铁饱含深情。

筑路的同时，中国人也在筑梦。

100多年前，那时的中国正经历五千年文明史上最为屈辱的一段：列强分食，山河破碎，王朝没落，民不聊生。从"老大帝国"堕落为"东亚病夫"，民族自豪、民族自信被坚船利炮打得七零八落……但即使这样，中国人民从未放弃追逐自己的梦想，以詹天佑为代表的工程技术人员和铁路工人们硬是不信这个邪，顶着压力迎难而上，在峭壁和深涧中勘测考察、

凿山开路，搞出了"人"字形折返线等创举，工程竣工比计划提前了足足两年，实现了"我们要用中国人自己的技术力量修造中国铁路"的誓言。

正是有詹天佑等万千民众的不甘和奋起，亿万中国人最终在中国共产党领导下打碎旧世界，重整旧山河，为中华民族谋复兴，为中国人民谋幸福，重新挺起民族不屈的脊梁。

百年后，势易时移。中国国内生产总值近百万亿元，稳居世界第二。高铁里程达到3.6万公里，超过世界高铁总里程的三分之二。

作为北京冬奥会的重要配套工程，京张高铁是我国铁路发展的又一里程碑。京张高铁建设者研发了世界最先进的泥水平衡盾构机，建成了世界规模最大、埋深最大的暗挖地下高铁车站，同步推进实体铁路和数字铁路建设以及智能化铁路运营……

跨越百年，一代代人追梦不止，迈着创新的步伐砥砺前行。

百年京张，见证了百年历史风云，但始终不变的，是中国人奋发图强、追求卓越的那么一种精气神，是为祖国争光、为民族争气的壮志豪情。

本书作者
2020年5月于北京

目录

第三章 基建的力量——穿越时空的对话 / 212

站台上整装待发的智能型"复兴号"动车组

第一章

1909

京张铁路
中国铁路从这里出发

20 世纪初，居庸关车站道岔施工

第一节

受制于人，中国第一条铁路的艰难诞生

铁路，第一次工业革命的产物。像横空出世的一条"巨龙"，构成近现代国民经济的"大动脉"。

铁路诞生之前，以蒸汽为动力的汽车和轮船已经开始应用。

铁路诞生之后，铁路迅速在欧美包括英国殖民地推广。

然而，中国大地上的第一条铁路比世界第一条铁路晚诞生了整整40年。

世界第一条铁路模拟图（素描画）

1865年7月，英国商人杜兰德在北京宣武门外的平地上，造了一条"长可里许"的铁路，就在现在的和平门和宣武门之间。

与其说这是一条真正的铁路，不如说这更是一个实物模型广告。杜兰德真正的目的就是让清王朝的主政者们直观认识铁路，从而同意让他主持修建铁路。

但当时中国人对此的反应却大大出乎杜兰德的预料。

清人笔记记载，"京师人诧所未闻，骇为妖物，举国若狂，几致大变"。步军统领"以见者骇怪又命其立毁焉"，这才平息了骚乱。

一闪而过，这条铁路就这样结束了短暂的命运。

1876 年在上海修建的淞沪铁路，被认为是中国真正意义上的第一条铁路。鸦片战争后，帝国主义列强打开中国大门，上海成为列强对华贸易重要的通商口岸之一，西方各国也纷纷在上海建立租界。

为了货物装卸运输和通商更加便利，1866 年，英国公使向清政府提出：黄浦江淤浅，洋船进出不便，洋货运输困难，希望修建从上海到吴淞口的铁路。而有了上一次在北京修"小铁路"的教训，清政府拖延推诿，迟迟不予答复。

然而官方这种不置可否的态度，却阻挡不了资本家逐利的热情。

1872 年，清朝同治皇帝年满 16 岁，到了大婚的年龄。

英国人以此为契机，来到总理各国事务衙门，与各位大臣商量，打算"送"一条铁路给同治皇帝，作为他的大婚礼物。

没想到，这条建议被总理各国事务衙门的大臣们异口同声地"否决"了。

英国人没成功，美国人又采取了"明修栈道暗度陈仓"的办法。

他们认为，"想从中国政府得到正式的许可是徒劳的"，只有"先正式买地，然后突然把铁路造起来，也许能受到（中国当局的）容忍。"

1872 年，美国驻上海副领事布拉特福建立了一家"吴淞道路公司"，并以吴淞道路公司的名义向上海道台沈秉成申请购地修筑一条"马路"。沈秉成信以为真同意了。

于是，布拉特福购买了上海至吴淞沿线长约 14.88 公里、宽约 13.7 米的土地。

但是，由于"吴淞道路公司"资金短缺，无法完成修建，就连公司带土地一起卖给了英国公司——邪台马其沙实业公司（即怡和洋行，现在的怡和集团）。

怡和洋行将"吴淞道路公司"改名为"吴淞铁路公司"。铁路公司在伦敦成立，工程师等人员全部从英国赶来，筑路材料、设备全部英国进口。并于 1874 年 12 月正式启动建设，开始铺设铁轨。

从 1874 年 12 月到 1875 年 7 月，吴淞铁路的路基填筑工作基本完成。

清朝官员看到这种情况，才恍然大悟，但无奈已是既成事实。

1876 年 2 月 14 日，铁路试通车，引来数千百姓围观。尽管离第一条"铁

吴淞铁路开通运营后引来周边民众围观（素描画，19 世纪 70 年代英国《图片报》）

路模型"的修建已经过去了十几年，但当这条钢铁巨龙喷出白烟、鸣笛启动时，还是在人群中引起了不小的骚动。

当地官府命令英国人停止建设，英国人却不为所动。经再三协商后决定，车辆暂停一月、筑路继续，等待朝廷意见。

这一等就是一个多月，朝廷始终没有意见，火车得以继续开行。百姓从最初的惧怕慢慢转变为好奇，坐车的也多起来。

试运行期间，从吴淞至上海的回头车免费，导致人满为患。英国人只好将货车改客车，再略加装饰，邀请中国官员、各国领事、欧洲侨民试乘参观。

当时运营的火车头重 9 吨，客车头等车厢车长 15 英尺（约 4.57 米），每节载客 16 人；货车 12 辆，每节载重 5 吨。车行时速可达 25 英里（约 40 公里）。

试运行下来，百姓的好奇心越来越浓，官员们也逐渐接受了这个新鲜事物。

1876 年 7 月 1 日，淞沪铁路终于举行了通车典礼。一列火车载客 200 人，开行时速 15 英里（约 24 公里）。乘客全部是被邀请免费试坐的华人，车厢里满员满载，当时有记载写道："乘者极乐，至有不能容之势"。

正式营业后，火车每天从上海到江湾往返各 6 次，票价分上中下三等，上等票半元，中等票二角五分或制钱 300 文，下等票制钱 120 文。

1876 年 7 月 10 日《申报》在一篇新闻报道《民乐火车开行》中记载："此时所最有趣者莫如看田内乡民……或有老妇扶杖而张口延望者，或有少年荷锄而痴立者，或有弱女子观之而喜笑者，至于小孩或惧怯而依于长老前者，仅见数处则或牵牛惊看似作逃避之状者，然究未有一人不面带喜色也。"

可是，火车开行一个多月后，发生了一起交通事故，一名清朝士兵致死。上海地方官冯竣光立即照会英国领事，要求立即停车。英国领事没有答应。

恰好李鸿章正奉旨与英国大使谈判，冯竣光请李鸿章代为交涉，要求以自办的名义收购这条铁路。同时，冯俊光采取了三条措施向英国人施压。其一，派两艘兵船来上海示威；其二，拟聘请律师起诉，要求没收铁路；其三，怂恿军民闹事。

1876 年 9 月，中英在南京达成协议，中方以 28.5 万两白银买断铁路，一年内钱货两清。在此期限内，铁路准许营业，每天上海至吴淞各对开七列。

1877 年 10 月，清政府付清货款，随即拆毁铁路，移往台湾，中国的第一条铁路就此夭折。

唐胥铁路是中国自建的第一条标准轨货运铁路。

它起自唐山，止于胥各庄（今河北省唐山市丰南区），长度不到 10 公里，现为北京至沈阳铁路的一段。但这条铁路采用了国际通用的"1435"（1.435 米）

1881 年，唐胥铁路开通仪式现场

标准轨距的铁路，成为中国铁路建筑史的正式开端。

"洋务运动"期间，清政府在唐山市大城山南侧的乔屯镇开办了开平矿务局。为了把煤炭运往最近的北塘海口装船运出， 1879 年，清政府允准开平矿务局出资修建一条唐山至胥各庄的运煤铁路，并聘矿务局英籍工程师金达（C.W.Kinder）监修。因守旧势力反对，未果。

次年，矿务局复请修建获准。1881 年 5 月开工兴建，11 月完工。

可笑的是，唐胥铁路建成伊始，清政府以机车行驶震及皇帝陵园为由，只准许以骡、马曳引车辆，次年（1882 年）才开始改用机车牵引。

1886 年，中国自办的第一家铁路公司——开平铁路公司成立，收买唐胥铁路后，开始独立经营铁路业务。1887 年，唐胥铁路展筑至芦台，称唐芦铁路。1888 年展筑至天津，增长 80 余公里，称津沽铁路。

这条铁路为何在唐山诞生？

我国现存的最古老的 0 号机车。当年就是它代替了骡马，担负起唐胥铁路上的牵引工作

当时，唐山被称为"中国近代工业的摇篮"，诞生了中国的第一条铁路、第一辆蒸汽机车、第一袋水泥、第一件卫生洁具。

据开滦博物馆专家介绍，铁路开行通车后每个月运煤 3600 吨，1885 年达到年运量 24 万吨。同时，该铁路亦经营客运，收入可满足火车运营的费用。直到 1996 年，唐胥铁路100 多年的客运史才宣告结束。

20 世纪初的开平矿务局

第二节

筚路蓝缕，詹天佑与铁路"结缘"

1872 年，中国上海港码头。

一艘轮船鸣响汽笛，起锚开始远赴大洋彼岸——美国。

与以往不同的是，这艘轮船上有 30 名少年，穿着统一制作的长袍马褂。其中一位少年目光炯炯，遥望着远方。他，就是中国铁路之父——詹天佑。

詹天佑像（1909 年）

詹天佑，字眷诚，号达朝，1861 年 4 月 26 日出生于广州府南海县。

1872 年，年仅 12 岁的詹天佑报考清政府筹办的"幼童出洋预习班"，并于当年 8 月辞别父母，远渡重洋。

异国他乡，生死未卜，少年们都签下了一份"倘若有疾病，生死各安天命"的免责文书。

詹天佑为何要踏上这一"冒险"之旅呢？

詹天佑的父亲詹洪原是一个茶商，后因西方列强侵略、连年战祸而破产，只能靠种田维持一家生活。在这样一种家庭氛围下成长，詹天佑自小深深体会到了当时清朝统治者的腐败无能，以及下面亿万百姓的无助。

七八岁的时候，詹天佑被送到私塾里读书。他对那些四书五经不感兴趣，却喜欢摆弄一些机械。据说，他经常用一些捡来的小螺丝钉、小齿轮、旧发条做玩具，还用泥巴捏轮船、起重机。他经常站在工厂外面，看着里面的机器、运货车，一站就是半天。

有一天，他看着家中墙上的挂钟出了神。挂钟为什么会嘀嗒嘀嗒走个不停？想着想着，他就动手把挂钟拆开，想看个究竟。

可是，再想按原样装起来的时候，怎么摆弄也装不好了，急得他满头大汗。父亲看见，虽然有些生气，还是领着他到县里的钟表店，让他仔细看工匠怎么拆装钟表。

1871 年底，詹天佑 11 岁了，已经在私塾读了 4 年多。同乡谭伯村匆匆从香港来到南海找到詹天佑的父亲詹兴洪，说那里正在选拔幼童出洋留学。谭伯村是一位商人，看到詹天佑从小聪明好学，非常喜欢他。

谭伯村极力劝詹兴洪夫妇送孩子去参加留美考试，并答应在经济上给予资助，还把自己的四女儿许配给詹天佑。这样，詹天佑才得以去香港参加留学考试。

1872 年，詹天佑顺利通过了考试。

初到美国，詹天佑进入一所"诺索布寄宿学校"上小学，学英语。1876 年进入纽黑文希尔豪斯中学（丘屋中学），两年后毕业，又以全优的成绩考入耶鲁大学土木工程系。

在美国留学期间，詹天佑学习非常刻苦，也很注意锻炼身体，立志为早日报效祖国而学习科学。

1881 年，他以优异成绩毕业于耶鲁大学土木工程系铁路工程一科。在清朝总计派出的 120 名留美官费生中，最后只有两人顺利完成大学学业并获得学位，詹天佑是其中的一个，他的毕业论文《码头起重机的研究》获得很高评价。

1881 年，清朝第一批留美学生奉召回国。

当时，在清政府中洋务派与顽固派斗争激烈。洋务派主张学习西方科学，而顽固派却因循守旧。

留美学生回国后，在北京受到了北洋大臣李鸿章的接见。按当时清朝的规定，学子们必须身穿长袍马褂，头结长辫。詹天佑出于无奈，脱下了西装，罩上了长袍，但说什么也不肯戴假辫子。

在接见时，李鸿章正襟危坐，看到这些留学生直挺挺地叉腿而立，既不屈身，也不作揖，特别是一些学生头上已没有了长辫，大发脾气，大声嚷道："离经叛道，无父无君！"说完拂袖而去，下令让这些留学生等候分发。

1909 年詹天佑（前排中）与主要技术人员合影

最后，詹天佑被派往福州水师学堂学习海船驾驶。

詹天佑的一颗报国心凉了半截。在好友严复的劝说下，詹天佑才去了福州。此后七年，詹天佑先后在福建水师当驾驶官，在广州博学馆和广州水陆师学堂教授英文。

正当詹天佑感觉报国无门、十分苦闷的时候，他的老同学邝孙谋从天津来信，问他愿不愿意北上担任中国铁路公司的工程师。他求之不得，就高兴地答应了下来。

1888 年，詹天佑北上天津，担任了铁路工程师。他的一个心愿就是，中国的铁路要中国人自己修。

1909 年的马力机车

京张铁路开通前夕的"验道专车",相当于现在铁路开通前的"载重试验"

在北上途中路过上海时,詹天佑专门到吴淞凭吊了淞沪铁路的遗迹。14年前,在通车时被震惊了的清朝保守势力,曾认为这庞然大物的火车头,喷烟吐雾,拖着长龙轰隆隆地奔跑,"破坏了大清的风水"。

詹天佑到中国铁路公司以后,看到这个公司名义上是"官督商办",是中国的公司,但实际上是受英帝国主义控制。中国商人提出中国铁路"与其修自洋人,不如修自中国人;修自官府,不如修自百姓",但不被采纳。由于清朝的腐败和国家的贫穷,当时的中国铁路都是由外国人修建,向外国帝国主义贷款,由外国工程师领导。

詹天佑心中愤愤不平,他坚信,中国的铁路早晚要由中国人自己修建。

第三节

横穿出世，中国第一条自主建设铁路往事

　　詹天佑到中国铁路公司以后，先后参加了唐胥铁路和关内外铁路的建设，但修路大权都控制在外国工程师的手里。詹天佑总是深入工地，实地组织工人施工。到 1905 年 5 月，清政府才下令修京张铁路，詹天佑被任命为总工程师兼会办。由中国人自己修建铁路的日子终于来到了。

任命詹天佑负责京张铁路修造的札文

当时为什么要修京张铁路呢？

为了经商便利，一些商人一再要求修一条北京通往西北的铁路。有了京张铁路，不仅可将西北的皮毛、驼绒和牛羊与内地的茶叶、丝绸、纸张等交换，而且，对镇守北疆也很重要。修建铁路的好处已经显现，铁路运输不仅方便捷达，而且经济效益可观。

京张铁路未修前的驼运

京张铁路工程局

清朝政府决定修建京张铁路，但英、俄两国都要抢夺修建京张铁路的权利。在这种情况下，清朝政府为避免麻烦，提出不用外国工程师，由中国工程师修建。

当时，列强们也是各怀鬼胎。英国人认为，反正中国修铁路一定要向他借钱，不愁控制京张铁路；俄国人则想，中国人肯定修不了京张铁路，还得向他们求援。甚至有的外国工程师还扬言，能修京张铁路的工程师还没出生呢！

在中国内部也有不少议论，说詹天佑修建过这样的险要的铁路吗？他能找到几个中国的铁路工程师？有的人还断言，詹天佑修小铁路还可以，修京张铁路肯定要失败。

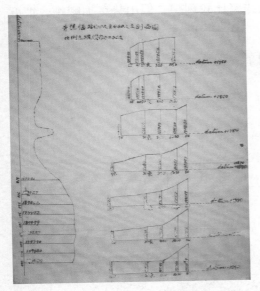

詹天佑在定测"人"字线时绘制的青龙桥一带断面图

一条是关沟线——这条线路从南口至岔道城，长22公里，经过居庸关、青龙桥、八达岭，尽是悬崖峭壁，坡陡路险，工程量大，且运输量有限。

第二条线路是热河线——从青龙桥绕过八达岭，转向东北方向，经十三陵到延庆。这条线路虽然长出15公里，但坡度较平缓，也无需开凿八达岭那样长的隧道，但要专门修一条运输材料的路，费时费钱。

修建京张铁路，最困难的是从南口到青龙桥这一段。

主要是山势陡峭坡度高，还需要修很长的隧道。作为总工程师，詹天佑每天骑着毛驴，亲自与工程技术人员去实地进行勘测。无论是骄阳似火，或是狂风大作，还是暴雨如注，他总是身背标杆和测量仪，奔波在崎岖的山间小路上。

詹天佑带领工程技术人员，历尽艰险前后勘测了三条线路。

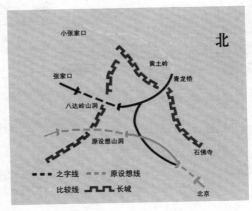

"人"字线定线示意图

　　第三条路就是现在修成的丰沙线——从西直门往西，绕过石景山，经三家店，到沙城附近出山到张家口。这条线路比较理想，但山势更加峻峭，坡度小但要修隧道65孔，工程费用较高。

　　经过反复比较，最后，詹天佑采用了关沟线路。

青龙桥车站施工

　　京张铁路穿过崇山峻岭，坡度很大。按照国际的一般设计方法，铁路每升高 1 米，就要经过 100 米的斜坡。为了缩短线路，降低费用，詹天佑设计的线路则是每提高 1 米，仅需修 33 米的斜坡。

　　但是，这样一来，坡度大了，火车爬山就更加吃力。怎样使列车这庞然大物顺利开上山，詹天佑整天开动脑筋思索着。

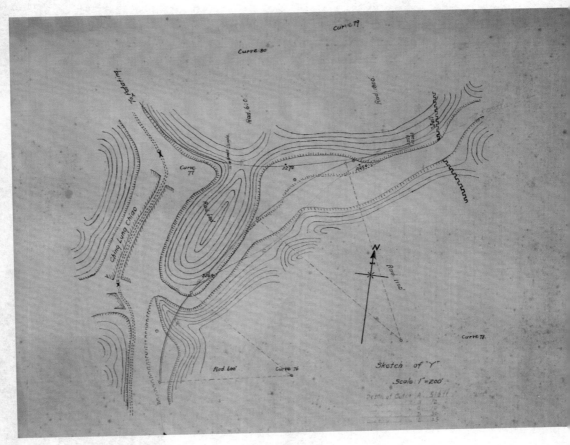

青龙桥"人"字线测定图

20 世纪初，在青龙桥站候车的乘客

　　一天晚上，詹天佑苦思冥想列车爬坡的方法，到了夜深还未休息。他的妻子和女儿陪伴他画图设计。夜深了，屋子里很冷，女儿手指冻得有点僵硬，一不小心，将冰凉的剪刀掉在了地上。詹天佑听见响动，从凝思中惊醒过来。他看着掉在地上的剪子，突然大声叫道："有了！有了！"

　　他的妻子和女儿莫名其妙。詹天佑兴奋地说："八达岭的铁路可以仿照剪子那样修建，火车一折一返地往上爬，不就可以翻山越岭了吗？"

　　后来，青龙桥那段铁路修成了"人"字形（也称"之"字形）线路，火车一曲一折地轻轻松松爬上了山。当地人把这段铁路称之为"剪子岭"。

青龙桥上下行火车同时开行

1905 年 12 月 12 日，北京丰台。

詹天佑亲手抡起大锤，用力钉进了第一枚道钉。成千上万的人欢呼雀跃。中国人自己修建的第一条铁路——京张铁路开工了！

修建京张铁路，谈何容易。

地形上，沿线经崇山峻岭，需要爬坡钻洞；设备上，还缺少机械设备。此外，还有清廷的达官显贵刁难阻挡，洋人造谣拆台。但是，一心献身中国铁路事业的詹天佑毫不畏惧，坚信京张铁路一定能够建成。

当时，中国非常落后，修铁路没有机械，连运送铁轨的车辆都没有。

没有车辆，就凭人力！

青龙桥停车场 39 号桥由西首正视全景

开工以后，第一根铁轨都是詹天佑和工人们一起推着平板车运到工地的。当路轨铺到清河镇广家坟地的时候，碰到了一个"硬钉子"。

广家坟地的主人曾任锦州道台，与恭亲王载泽的孙女结亲。广家依仗皇亲的势力，雇人阻挡铺轨。而广家坟地附近，还有慈禧太后父亲坟、郑王坟、太监坟。纵使左避右闪，铁路也无法通过。

恭亲王坚持要铁路改线，并愿出银酬谢。詹天佑断然不肯答应，说宁可辞职也不能更改线路。正在这时，恭亲王出洋回来遭到革命党狙击，吓得不敢出门，无心再过问广家的事。广家只好应允铁路从墓地围墙外通过，但提出为保护风水，必须在附近挖一条小河，派三品官设祭，还要立碑纪念。詹天佑为修通铁路，答应派人去广家坟院拜祭，立碑之事不予理睬。

克服了重重困难，京张铁路首战告捷，1906 年 9 月 3 日，铁轨铺到南口。

南口通车以后，詹天佑带领工程人员又开始了京张铁路最艰难的一段工程——在关沟地带开凿四孔隧道。

四孔隧道包括居庸关、五桂头、石佛寺和八达岭隧道，总长 1645 米，其中八达岭隧道长 1091 米，其次是居庸关隧道，长 367 米。

居庸关山势非常险峻，岩石很厚很硬，开凿起来非常困难。为了加快工程进度，詹天佑采用从两端对凿的方法。他还亲自教给凿工凿炮眼、下炸药的方法。

当开凿到洞中几十米的地方，山顶的泉水渗透得很厉害，洞中泥泞无法下炸药。

没有抽水机，詹天佑就带领工人挑着水桶排水。为防止两壁和顶部土方塌落，工程队员用水泥砌边墙环拱，筑起水沟排除积水。就这样，终于在 1908 年 4 月 12 日凿通了居庸关隧道。

居庸关山洞

　　八达岭隧道长度更长、困难更大。在当时的条件下，这么长的隧道从两头同时开凿无法实现。

　　詹天佑就在隧道的中部开凿两个竖井，两个竖井都同时向两个方向开凿，使整个隧道分成三段。这样，两个竖井同时向两个方向凿进，整个隧道的两头也同时向隧道里边凿进，增加了作业面，加快了工程进度。

京张铁路谢氏（Shay）齿轮传动立缸机车

京张铁路头等花车

八达岭山洞通风楼

保存至今的通风楼

20 世纪初的八达岭山洞北口

　　但是，当时没有什么设备。运载工人上下竖井，运送器材、炸药，运出土石和积水，因为没有升降机，只好用民间的辘轳架在井口，用人工升降。隧道内没有抽风机，空气污浊，詹天佑就在井口架起扇风机，通过铁管往隧道里送进新鲜空气。詹天佑处处为工人着想，和工人们一起在井下施工，总是身先士卒，得到工人们的拥护。1908 年 5 月 12 日，八达岭隧道凿通。

　　很快，其他隧道也先后凿通。到 1909 年 9 月 24 日，京张铁路全线通车，成为中国铁路建设史上辉煌的一页。

第四节

站房史话，百年京张的百年故事

由中国人自己修建京张铁路，虽然是在当时特殊历史背景下的一个"心酸胜利"，但詹天佑和京张铁路，以及蕴含其中的民族精神却成为国人永远的骄傲。

京张铁路起始自北京丰台柳村，经居庸关、八达岭、河北的沙城、宣化至张家口。全长为201.2公里。

全程站点包括：丰台站——北京北——清华园——清河——沙河——昌平——南口——东园——居庸关——三堡——青龙桥——青龙桥西——八达岭——西拨子——康庄——东花园——妫水河——狼山——土木——沙城——新保安——西八里——下花园——辛庄子——宣化——沙岭子东——沙岭子——张家口南——茶坊——张家口。

这条200公里长的铁路站点不少，其中有几个站颇具特色，在中国铁路史上留下不灭印记。

现在的西直门车站旧址

20 世纪 40 年代的西直门车站

清华园站坐落于北京市海淀区清华园地区，是京张铁路老车站中距离北京城最近的一个。

2016年11月1日凌晨，建站106年的京张铁路清华园火车站关闭。全长5.33公里的京张高铁清华园隧道开始建设。

清华园站停运的消息发布后，当即引起一些市民"围观"，包括以前在此工作多年的车站工作人员也前来跟这座"百年车站"依依作别。途经"清华园"站的所有车票，也已早早售罄。

废弃后的清华园站

但其实很多人并不知道，这座"清华园"站并不是 100 多年前的老"清华园"，它们之间有着几百米的距离。

清华园老站在清华大学的南门外，题写着"清华园车站"。

1954 年，清华大学为了发展的需要，规划要突破铁路向东发展。后经与高教部、铁道部、北京市等部门磋商，决定将该段南北约 5 公里的铁路，整体向东移动 800 米。原有的（老）清华园车站随即取消，并另建了新清华园站。1960 年 3 月底迁移工程竣工后，新的清华园站投入使用。

老清华园站特别珍贵的就是詹天佑于宣统二年手书的"清华园车站"五个大字，当时的"清华"的拼音是 Chinghua，既不是现今的汉语拼音 Qinghua，也不是清华大学目前采纳的 Tsinghua。

詹天佑手书的清华园车站老站牌

清华园站建于 1910 年，就在京张铁路"人"字形铁轨的南端，原建筑面积 290.8 平方米。很多人以为清华园站是以清华大学定名，其实，清华园火车站得名的时间，比清华大学成立的时间要更早。

清华园老车站遗址

　　清华园的前身，是明朝万历年间，万历皇帝的外祖父李伟修筑的私人花园。清康熙年间，在此基础上兴建了畅春园，之后又相继修建了熙春园、圆明园。道光年间，皇帝把熙春园分成东西两部分，东部仍称为熙春园，西部改称为近春园。此后，咸丰皇帝又把熙春园改名"清华园"并题写匾额。英法联军烧毁圆明园时，近春园遭到焚烧，清华园幸免于难。1911年，清政府在清华园成立清华学堂，两年后近春园遗址并入，也就有了后来清华大学的基本轮廓。

　　京张铁路最初起自北京丰台的柳村，终到张家口。建国以后将丰台至西直门的铁轨拆除，改由西直门站作为始发和终点站。因此，清华园站也就成了京张铁路线上的第二个车站。

　　在现在的铁路客站分类等级中，清华园站属于第三等车站，"主要承担着市郊之间或旅游地点的列车始发和终到作业，为运送通勤、通学及旅游旅客服务"。

但百年前的中国，清华园站却不失为一个"大站"。它的站房采取了当时比较先进的对称式三拱门结构，不大的空间内，集合了候车室、售票处、贵宾室和货运仓库等各种建筑，可谓麻雀虽小，五脏俱全。

清华园站除了在中国铁路发展史上有着特殊的地位，承载着人们的回忆外，还与党和国家的命运息息相关。

1937 年"七七事变"后，日本发起全面侵华战争。北京地区所属的抗日游击队，由于力量所限，只能对驻京的日军采取偷袭策略。车站、铁道，也就成了袭击的重要目标。

1938 年前后，游击队袭击沙河站和清华园站，先是破坏了清华园站附近的铁道线路，当满载日军武器的列车颠覆之后，便切断一切电线，再与相反方向开来的列车上的日军进行残酷斗争。这次袭击，共打死了日军 100 多名，并缴获了大量步枪和弹药。

1949 年 3 月 25 日夜，中共中央领导人毛泽东、刘少奇等由西柏坡迁到北平，从涿县乘坐铁路专列进京，因为当时前门车站一带特务猖獗，临时决定在清华园站下车。可以说，毛泽东踏上新中国首都的第一步，就在清华园火车站。1949 年开国大典，当时清华园站专门开了一趟"清华专列"，送清华的学生参加典礼。

中共中央文献研究室编写的《毛泽东年谱》中，详细记载了这些重要的历史时刻：

"（1949 年）3 月 23 日上午，（毛主席）率领中共中央机关乘汽车离开西柏坡前往北平……当晚住在河北省唐县淑闾村。24 日中午，到达河北省委所在地保定……下午到涿县……25 日凌晨 2 时在涿县换乘火车，上午抵达北平清华园站，然后改乘汽车至颐和园。下午 5 时，同刘少奇、朱德、周恩来、林伯渠等在北平西苑机场同前来欢迎的各界代表及民主人士一千多人见面，并乘车检阅部队，随后进驻香山双清别墅。中共中央机关、中国人民解放军总部也在 25 日迁入北平。"

青龙桥车站
CHING LUNG CHIAO

　　燕山深处有一段铁路，春天，列车和满山遍野的鲜花总会在这里相约。在这里，列车驶入一座百年老站——青龙桥车站，在"人"字形铁路车头变车尾后，再缓缓驶离。百年京张铁路著名的"人"字线和京张高铁在这里组成一个"大"字，见证着中国铁路翻天覆地的变化。

初春的青龙桥站

青龙桥车站始建于 1908 年，坐落在青山和长城怀抱之中。青灰色的古朴外墙，古老的油灯座、百叶窗，仍保留原貌，具有明显的上世纪西洋风格，而这座站房最出名的便是——"人"字形线路。

"人"字形线路建成至今已有 110 年的历史，最经典的一段就在青龙桥。

青龙桥火车站站长杨存信介绍，八达岭隧道长 1091 米，如果没有"人"字形线路，距离要延长一倍。当时由于经费有限，只使用了一个火车头，上山的时候推进运行，下山的时候牵引运行；新中国成立之后才改用两个火车头，前后牵引推进，这样火车可以装载更多的人员和货物。但是以当时的工程建筑水平，隧洞与"人"字形铁路相结合，那真是令人叹为观止。

青龙桥车站站长杨存信在站台上值勤，几十年前，他的父亲也曾站在同一个地方执行相同的任务

詹天佑铜像

　　"人"字形铁路站房旁便是詹天佑铜像，铜像下方镌刻着"詹公天佑之象"。很多游客来到这里总有疑问："'象'字是不是写错了？应该是'像'吧。"起先杨存信也纳闷儿，为了搞清"像""象"之别，他请教了很多学者，最终从詹天佑嫡孙詹同济先生那里得到答案。

　　原来所用"象"字意为这尊纪念铜像没有任何艺术加工，见像如见人，是代表詹公原貌的意思。而时至今日，世界第一条智能化高速铁路——京张

和谐型"长城号"动车组停靠青龙桥站

高铁也在青龙桥站地下中心位置 4 米处穿越而过。新老两条京张铁路线也在青龙桥站实现了跨越百年的"握手"。

京张铁路通车后，所有的列车在通过"人"字形线路时，都要在青龙桥站做技术性停靠，车站每天要接送几十对列车。新中国成立后，国家为避开京张铁路青龙桥一段的大坡道，修建了丰沙线铁路，特别是 20 世纪 70 年代丰沙二线建成通车后，从京张铁路分流走了大部分列车。

近年来，随着列车的加大编组和提速，现从北京西客站开出的列车大都改走了丰沙线。青龙桥火车站全年的客流已从 20 世纪 80 年代的 10 多万人减少到只有几千人。"人"字形线路也仍在使用中。

2014 年 6 月 30 日，为了留下纪念，许多市民来到张家口站买票，乘坐 6087 次列车。

张家口车站旧址

当日，6087 次"绿皮车"从河北省张家口站开出后，这个辛勤服役 105 年的车站圆满完成了自己的使命，正式退出历史舞台。

张家口站是京张铁路的终点站，1909 年建成通车。张家口站是中国近代史和中国铁路史上划时代的标志性建筑，见证了张家口百年发展的历程。

说到张家口站，作为张家口地区的老百姓是再熟悉不过了。曾经，每天从这里出发的 4416 次火车，因为价格便宜成为了很多张家口百姓到北京首选的交通工具，也因此，"4416"成为每一个当地人耳熟能详的一个"明星"代言词。

历经 105 年沧桑风雨的车站，在历史的长河中也有过印记。

1912 年 9 月 6 日，京张铁路通车后，孙中山先生在京张铁路总工程师詹天佑等人陪同下来到张家口考察。张家口的军政要员、知名人士，以及在铁路工作的广东同乡举办了宴会，为孙中山一行接风。

张家口车站落成

张家口车站老站牌

20 世纪初的张家口车站

张家口车站原候车站台

孙中山一行考察张家口铁路后，于 8 日从张家口火车站乘火车返回北京。

细心的人会看到繁体的"张家口车站"下面还有几个字母："KALGAN"。

"卡拉根"是 100 年前张家口的国际称谓。俄罗斯联邦布里亚特共和国恰克图市博物馆藏有一张俄国商人 100 年前绘在羊皮上的茶叶之路地图，图中用俄文标出了中国的北京，标出了黄河、长江，标出了库伦（乌兰巴托），也标出了茶叶之路的起点张家口（калган 音：卡拉根）。1908 年，上海商务印书馆出版的《英华大辞典》和 1911 年出版的《英汉辞典》中，"张家口"一词的对照词条都是"KALGAN"。京张铁路建成通车。詹天佑亲笔题写的"张家口车站"站名匾，站名匾的下半部为英文"KALGAN"。

南口火车站始建于 1906 年，距今超过百年历史。南口火车站虽然现在看似萧条，但是历史上整个南口地区向来都是兵家必争之地。1937 年"七七事变"时，南口火车站更是承担了大量的运兵任务。

南口工程司处

1909 年 10 月 2 日，京张铁路通车庆典南口茶会盛况

　　1937 年 8 月 11 日，日军由北平沿平绥铁路向南口、居庸关发起进攻。随后，中日两军在南口、居庸关一带展开激战，南口镇几次易手。

　　16 日起，日军增派第 5 师主力向中国军队南口、居庸关前线阵地右翼镇边城迂回。汤恩伯急调第 4 师增援。17 日，傅作义率第 72 师、第 200、第 211 旅和独立第 7 旅由山西大同驰援南口。战斗至 23 日，日军第 5 师主力突破镇边城西面的长城线，向怀来突进。南口守军待援无望，右翼被突破，奉命于 25 日放弃南口撤退。至 27 日，日军占领居庸关、八达岭、延庆、怀来等地。

20 世纪 80 年代启用的南口车站

　　现在停靠南口火车站的列车，除去市郊铁路 S2 线外，就仅有 1455/1458、1456/1457；K273/K276、K274/K275 班次列车。说起南口火车站，就要提到南口火车站的老站房。老站房在 2005 年被列为昌平区文物单位。而紧邻老站房东侧的就是目前正在使用的南口火车站新站房。

20 世纪初的宣化府车站

宣化府车站旧址

昌平站旧址

后修建的昌平站，2016 年 11 月停用

京张铁路沿线老车站

东花园站旧址，2011 年停用

20 世纪 60 年代建造的清河站，于 2016 年
拆除

清河车站旧址

"和谐号"列车与长城一起像两条巨龙

第二章

2019

京张高铁
智能高铁在这里开启

2019 年 12 月 30 日，世界首列时速 350 公里自动驾驶的复兴号智能动车组驶出京张高铁新八达岭隧道

第一节

百年跨越背后的故事

2019 年 12 月 30 日，世界首列时速 350 公里智能型复兴号动车组列车从北京北站驶出，在地下 102 米处穿越八达岭长城，奔向"冬奥之城"张家口。

这条铁路就是世界上首条智能高速铁路——京张高铁。这条高铁，见证中华民族百余年荣辱和梦想，连接历史与未来，展示着中国速度和中国智慧。

百年沧桑，百年飞跃！

110 年前，京张铁路打破了中国人不能自建铁路的断言，但那时的京张铁路时速只有 35 公里，110 年后，京张高铁的时速达到 350 公里；

110 年前，列车通过"人字坡"需要 78 分钟，110 年后，智能型复兴号通过"人字坡"只需要"一眨眼"的工夫；

110 年前，中国铁路工人采用自

已创建的"竖井开凿法"和"人"字形铁路工艺，110 年后，中国铁路建设者首次全线采用新技术 BIM 技术进行铁路设计、建造、施工。

京张高铁的正式通车，开启了世界智能高铁的先河。同一个起点，同一个终点，从北京到张家口，全程 174 公里，如今最快运行时间只需要 47 分钟。

俯瞰官厅水库特大桥全貌

2019 年 12 月 30 日，买到 G8811 次首发车车票的旅客

乘客刷脸通过检票程序

乘坐第一班京张高铁的旅客

赶乘第一班京张高铁的乘客

车厢里的温馨服务

携带滑雪板乘坐京张高铁到崇礼滑雪的旅客

京张高铁是世界上首条采用北斗卫星导航系统并实现自动驾驶等功能的智能高铁，被称为"最聪明的高铁"。智能型复兴号动车组列车是复兴号的升级版，在外形上更加突出流线型设计，车头模拟鹰隼和旗鱼，增加了智能模块，让列车阻力降低了 10% 左右，具有优越的动力性能，运行中可以再减少 7% 的空气阻力。

不光是动力充足，"头脑"还足够聪明。"列车到点自动开车、区间自动运行、到站自动停车、停车自动开门，车身安装数千个传感器，像'全科医生'一样随时自动检查。复兴号以每小时 350 公里的速度飞驰，从制动到停稳，最后停准的误差在 10 厘米之内。"中国国家铁路集团有限公司高铁列车控制系统项目总师莫志松说。

智能交互、WiFi 覆盖、无线充电、灯光智能调节、无级变色车窗，让旅客感受超值服务；奥运涂装、媒体车厢、赛事直播……在这样的智能高铁中看奥运赛事，更能体会到其中"更高、更快、更强"的奥运精神。

回首百年，从蒸汽机车、内燃机车到智能列车，中国铁路经历了华丽转身。

今后，从北京乘京张高铁去崇礼滑雪将成为滑雪爱好者的最佳选择。列车内随处可见奥运元素，在车厢连接处，专门设计了滑雪板存放处，旅客可以通过扫描二维码存取滑雪板。

京张高铁的开通对促进当地冰雪运动和旅游资源开发、带动北京和张家口沿线地区的发展，起到了重大的作用。

京张高铁在下花园北站引出崇礼支线，终点至太子城站。太子城站也将成为冬奥会历史上首次直达比赛核心区的高铁站。在设计理念中，最核心的当数冬奥元素——太子城国际冰雪小镇，白色的主色调对应 2022 年北京冬奥会激情冰雪的主题。

让我们相约 2022 年，乘坐京张高铁感受中国速度和冰雪激情！

第二节

中国高铁的惊叹与惊艳

2019 年 12 月 30 日，京张高铁开通仪式

　　2019 年 12 月 30 日，中国高铁创造了一个新的历史：北京至张家口高速铁路开通运营，崇礼铁路同步建成投产，时速 350 公里复兴号智能动车组在世界上首次实现自动驾驶，进一步提升了我国高铁领跑全球的优势。这两条铁路将助力京津冀一体化协同发展，为北京冬奥会提供交通运营服务保障。

　　在同样的起点和终点，110 年前，"中国铁路之父"詹天佑主持设计了中国自主设计建造的第一条干线铁路——京张铁路；如今，中国人自主设计建造的京张高铁在这条历史之路上开智能铁路之先河。

　　京张高铁是我国《中长期铁路网规划》中"八纵八横"京兰通道的重要组成部分。崇礼铁路是京张高铁的支线铁路，自京张高铁下花园北站引出，至张家口市崇礼区太子城奥运村，设太子城站，线路全长 53 公里，规划进一步延

2019 年 12 月 30 日晨，"复兴号"驶入站台

伸至内蒙古锡林浩特。开通运营初期,铁路部门将安排开行动车组日常线36对,高峰线增加6对。北京至太子城间开行了智能京张高铁体验列车,北京至张家口、呼和浩特、大同间也将安排开行智能京张高铁体验列车。

从北京北站开出不久,复兴号列车就钻进长6020米的清华园隧道。这座隧道穿过近90条城市管道线路和人口稠密区、众多古建筑,我国自主研制的"天佑号"盾构机闪转腾挪、大显身手,施工作业如微创手术一样精准。

詹天佑的曾孙女(左图右一)詹欣接受书法家为第一班京张高铁送"福"

京张高铁飞驰在冰雪天气

当天，京张高铁向西与张呼高铁、张大高铁相连，图为穿着民族服饰的草原小姐姐

复兴号不到 20 分钟就到长城脚下。据相关部门测算，每年将有 6000 多万人次乘高铁从长城脚下穿过。八达岭长城站站房采取尊重自然、形隐于山的理念，建筑与长城相协调，也是全线 10 座车站中唯一一座地下车站。建设者建成了世界上最大埋深 102 米、最大地下建筑 4.1 万平方米的八达岭长城站。

复兴号列车一路疾驰，跨过官厅水库。为最大限度保护这一北京市备用水源地，全长 9077.89 米的官厅水库特大桥施工中采用了岸上拼装法，横梁不留痕迹就"飞跃"水面。

174 公里浓缩的是万里山河，47 分钟激活百年千年的时光，代表不同时代智慧的万里长城、京张铁路、京张高铁遥遥相望，诉说着中华民族的勤劳和荣光。

2019 年 12 月 30 日，京张高铁向西与张呼高铁、张大高铁相连，向东与北京枢纽连通，形成内蒙古东部、山西和河北北部地区快速进京客运通道。2020 年，中国高铁运营里程突破 3.6 万公里，高居世界第一。

第三节

时速 35 到 350 公里，超越的力量

钢铁巨龙驶过之处，一座座城市插上了经济腾飞的翅膀，一个个辐射广阔的交通圈逐渐完备，一条条绵延千里的经济带日渐成形。

铁路成就是新中国 70 年成就的重要组成部分。透过铁路巨变的窗口，可以窥见中国的发展变迁，感受人民的幸福生活，了解百姓的出行选择。中国铁路如何实现从"追赶"到"领跑"，高铁又如何改写中国人的出行方式？

中国高铁已经成功走向世界，为印尼、老挝、泰国、匈牙利、塞尔维亚等多个国家铁路建设提供了中国标准和中国方案，成为领跑世界高铁发展潮流的重要力量，赢得了国际铁路同行的广泛赞誉。

高铁以自己现实的力量，用自身所携带的高速、客运、大交通方式这三大基因，迅速改变了中国交通格局。

"复兴号"整装待发

中国高铁成长谱系

中国高铁运营里程最长

2019 年底，中国高铁运营里程突破 3.6 万公里，高居世界第一，覆盖 80% 以上的大城市，中国将建成以"八纵八横"主通道为骨架、区域连接线衔接、城际铁路补充的现代高速铁路网。

具有完全自主知识产权的中国标准动车组——复兴号

2017 年 6 月 26 日，"复兴号"中国标准动车组列车在京沪高铁正式双向首发；9 月 21 日，"复兴号"在京沪高铁率先按时速 350 公里运营，树起了世界高铁建设运营的新标杆。中国动车组采用 CR200/300/400 命名，分别对应 160、250 和 350（km/h）三种持续时速等级，数字代表最高时速，例如，400 代表最高速度可达 400km/h 及以上，持续运行速度为 350km/h。2019 年 12 月 30 日，时速 350 公里智能高铁——京张高铁正式开通运营。CR400BF－C 型列车投入运营。

新中国第一条设计时速 350 公里高铁——京津城际铁路

2008 年 8 月 1 日，我国第一条设计时速 350 公里的高速铁路——京津城际铁路开通运营。京津城际铁路拉近了北京、天津两个特大型城市的距离，也是我国"八纵八横"高速铁路主通道的重要组成部分。京津城际铁路由北京南站经天津站至滨海站，全长 166 公里，共设 7 个车站。

新中国高铁建设运营的标杆和典范——京沪高铁

2008 年 4 月 18 日，京沪高铁全线正式开工建设。全长 1318 公里的京沪高铁于 2011 年 6 月 30 日建成通车，纵贯北京、天津、河北、山东、安徽、江苏、上海等七省市。京沪高铁创造了多项世界之最。它是当时世界上一次建成线路最长、技术标准最高的高速铁路，也是当时我国投资规模最大的建设项目。2010 年 12 月 3 日，在京沪高铁枣庄至蚌埠试验段，动车组创造了 486.1 公里的世界铁路运营线路试验第一速度。2017 年 9 月 21 日，复兴号在京沪高铁实现时速 350 公里商业运营，是世界上技术标准最高、商业运营速度最快的高速铁路。2018 年发送旅客 1.92 亿人次，以占全国铁路 1%的营业里程，运送了全国铁路 5.7%的旅客，运输效率全国领先。截至目前，京沪高铁已安全运营超过 9 年，累计发送旅客超过 13 亿人次。

新中国第一条高寒高铁——哈大高铁

2012 年 12 月 1 日，全长 921 公里的哈大高铁开通运营。这条高铁贯穿黑龙江、吉林、辽宁 3 省 10 市，北部衔接哈齐高铁、哈牡高铁、哈佳铁路，中部衔接长珲高铁、长白乌快速铁路等，南部衔接沈丹高铁、丹大快速铁路。哈大高铁接入全国高速铁路网，通过中转换乘，动车组列车连通东北、华北、华中、华东等主要城市。

世界上一次性建成里程最长的高铁——兰新高铁

兰新高铁全长 1777 公里，设计最高运营时速 250 公里，横贯甘肃、青海、新疆三省区，是世界上一次性建成运营里程最长高铁，被誉为"钢铁丝绸之路"，是"一带一路"建设的重要运输通道。

冰雪下，穿越在隧道之间的"复兴号"

从 110 年前时速 35 公里的京张铁路到如今设计时速 350 公里的京张高铁，曾经备受外国讥讽的铁路小国已经实现了高铁里程世界第一。京张高铁是我国第一条在高寒、大风地区达到设计时速 350 公里的有砟轨道高速铁路。

从时速 35 公里到 350 公里，这不是简单的速度值变化，而是一个国家科技创新能力、装备制造能力、制度文化软实力的持续提升。

京张高铁在地下 102 米处穿越长城，一路向北，奔向燕山山脉。

中国首条智能高铁——京张高铁开通运营，标志着中国智能高铁迈出了自主发展新步伐，成为引领世界的智能高铁应用国家。中国铁路在智能建造、智能装备、智能运营等方面大力推进技术创新和管理创新，不断提升中国高铁智能化水平，让人民群众有更多获得感、幸福感和安全感。

铁路领域的"新中国第一"为70 年沧桑巨变写下生动注脚。铁路的高光时刻绝不止于此。

中国铁路成长谱系

1952 年 7 月，新中国建设的第一条铁路成渝铁路建成通车。毛泽东题词："庆贺成渝铁路通车，继续努力修筑天成路。"成渝铁路由四川成都到重庆，全长 530 公里。

①

② 1969 年 1 月，中国第一代电力机车韶山 1 型电力机车批量生产。

⑥

2006 年 7 月，世界上海拔最高、线路最长、穿越冻土里程最长的高原铁路青藏铁路全线建成通车，全长 1956 公里。

2018 年 9 月，香港进入全国高铁网。北京至香港可实现 9 小时抵达。香港西九龙站设立内地口岸区并实施"一地两检"通关安排。

⑦

⑧

2011 年 4 月，我国第一列全程运行的中欧班列从阿拉山口驶出国门。2016 年 6 月，中欧班列统一品牌正式启用。经过多年发展，中欧班列国内开行城市已超过 60 个，抵达欧洲 19 个国家、67 个城市，成为中欧共建"一带一路"的重要成果和示范项目。截至 2020 年 3 月，中欧班列已累计开行 2.3 万多列。

1975 年 7 月，中国第一条电气化铁路宝成铁路全线开通，全线桥隧比达 17%，填土石方 6000 多万立方米，按高宽各 1 米算可绕地球赤道一周半以上。著名的"观音山展线"为了克服地势高差，以 3 个马蹄形和 1 个"8"字形迂回盘旋上升，最大坡度达 33‰，蔚为壮观。

3

2003 年 1 月 7 日，新中国第一条跨海铁路通道——粤海铁路轮渡开通，铁路通道跨越了琼州海峡。

5

4

1988 年 12 月，新中国第一条重载铁路——大秦铁路一期开通，1992 年全线开通，2002 年大秦铁路的年运量达到 1 亿吨。2014 年 4 月 2 日，大秦铁路成功进行了 3 万吨重载列车运行试验，创下了我国重载牵引新纪录，使我国成为世界上仅有的几个掌握 3 万吨铁路重载技术的国家之一。

9

2019 年，世界上一次性建成并开通运营里程最长的重载铁路——浩吉铁路（浩勒报吉至江西吉安铁路）正式开通运营。我国铁路版图新增一条纵贯南北的能源运输大通道。

第四节

智能型复兴号玩转"黑科技"

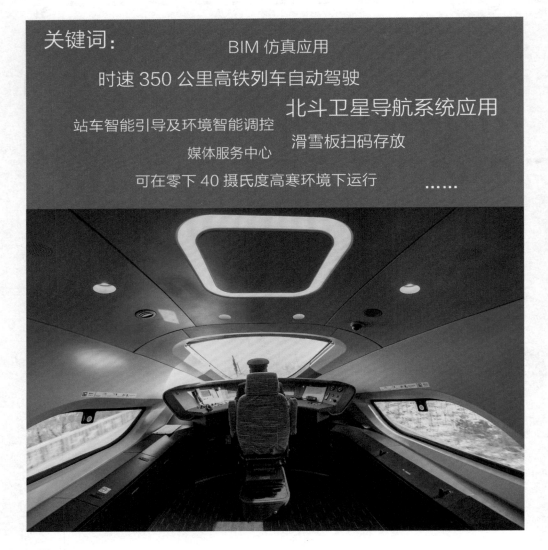

关键词：
BIM 仿真应用
时速 350 公里高铁列车自动驾驶
北斗卫星导航系统应用
站车智能引导及环境智能调控
媒体服务中心
滑雪板扫码存放
可在零下 40 摄氏度高寒环境下运行
……

2018 年 12 月，中国铁路科技创新成就展在北京国家铁道试验中心开幕，一大批中国自主研发的先进铁路技术装备集中展出。其中时速 350 公里 17 辆长编组、时速 250 公里 8 辆编组、时速 160 公里动力集中等多款复兴号新型动车组首次公开亮相。2 年来，智能型复兴号动车组、智能京张关键技术、重大桥隧建造技术等科研攻关实现新突破，复兴号在世界上首次实现时速 350 公里自动驾驶，成为我国高铁自主创新的又一重大标志性成果。

近年来，我国通过自主创新，建立了涵盖线路站场、高速列车、列车控制、牵引供电、运营管理、风险防控、系统集成七个方面，形成了较为完备的高铁技术体系，高铁总体技术水平步入世界先进行列，部分领域技术达到世界领先水平。

京张高铁的试验速度达到了 385 公里 / 小时。按照有关规定，如果设计速度是 350 公里的话，必须上浮 10% 进行试验。京张高铁最大的特色就是智能化。其中以自动驾驶为标志的自主列控系统的试验是一个关键项目。

复兴号 350 公里高速驾驶一次制动到停车，最后停准的误差是 10 厘米之内，节电指标在 15% 左右，正点率理论上能达到 100%，也就是不会因为驾驶问题造成晚点，这个自动驾驶技术在京张高铁上进行了推广应用。

牵引制动手柄

"驾驶室里依然有司机，只是司机职能变了。"铁科院机车车辆研究所研究员张波介绍，以往高铁司机主要精力在驾驶上，而在智能高铁上，司机的精力则侧重于故障应急处置，"这样不仅大幅降低司机的劳动强度，而且通过对列车运行数据收集与测

"复兴号"驾驶舱（左页图）

算，还能提高列车的节能指标和运行舒适度"。

"在智能高铁上，司机的精力侧重于故障应急处置，这样能大幅降低司机的劳动强度。"2019 年 12 月 30 日，京张高铁首发车指导司机怀柔北机务段刘春雨说。京张高铁新八达岭隧道段的坡度高于 30‰，智能型复兴号可以在动力损失一半的情况下，顺利启动爬坡。列车奔跑时，车底动力电池充电，一旦出现故障临时断电，动力电池也可保障列车运行至就近车站。

联调联试中车内数据显示屏

时速 350 公里高铁自动驾驶系统（CTCS3 + ATO）是什么？简单来说就是在既有列车运行控制系统的基础上增加自动驾驶（ATO）单元等设备，实现区间自动运行、到站自动停车、停车后自动打开车门、车门与站台屏蔽门之间自动联控，同时还可以根据列车调度调整计划自动调整列车运行的最高时速。

基于北斗卫星和 GIS 技术，京张高铁部署了一张"定位"大网，能够为建设、运营、调度、维护、应急全流程提供智能化服务。线路实时"体检"系统可以将全线每一个桥梁、车站，每一处钢轨通过传感器连接至电脑，零件是否老化、

驾驶舱操控台上的各种按钮

路基是否沉降、照明是否损坏等都能一目了然。

智能型复兴号让旅客的出行体验感更舒适：进入隧道时，列车可智能控制车内压力，提前调节灯光、车窗颜色等；车厢里的奥运元素处处闪现；在车厢连接处专门设计了滑雪板存放处；列车专门设计了移动新闻中心，旅客坐在列车上就能随时观看奥运直播；全车设有 2718 个监测点，全面感知列车运营状态，包括轴温、烟雾等。

车站设置了隧道结构智能健康监测系统，并开发了围岩及结构健康安全监测软件平台，对地下车站、隧道围岩及结构的各类传感器数据进行远程采集，并以各类图形化展示显示，对各类传感器数据进行分析、评估，进行实时监测实时评价。

奥运版智能型复兴号在充分考虑中国元素、奥运精神、百年京张文化传承以及前期众创成果等要素的基础上，设计形成了"鹰隼"和"旗鱼"头型方案和"龙凤呈祥""瑞雪迎春"两种外观涂装方案。

奥运版智能型复兴号将在 2022 年北京冬奥会期间打造独具特色的高铁移动新闻中心——媒体车厢，此车厢将实现高速互联网覆盖，完成奥运赛事直播。

"我们是站在中国铁路、装备制造、综合国力飞速发展的'肩膀'上，

高铁司机操作列车 ATO 启动

谋划中国高铁的又一次飞跃。"中铁工程设计咨询集团有限公司京张高铁总体设计师王洪雨说。智能高铁不断增添着对时代发展的最新注解,正加速向我们驶来。

无人驾驶技术是京张高铁智能化的主要内容之一。复兴号智能动车组列车的自动运行控制(ATO)相关设备,能够实现全程有人值守下的自动驾驶。列车按照地面调度中心预先规划的精准运行计划,自动控制发车、加速、减速、停车。列车安全监控系统对列车状态实时监控,保障列车运行中自感知、对故障自诊断、导向安全自决策。

无人驾驶是显而易见的智能化。智能技术更多的时候处于"隐身"状态。正是这些智能技术在推动铁路"新基建"不断发展,推动着高铁建设升级换代。

🔗 解读自动驾驶

CTCS3+ATO（高铁列车自动驾驶）是在 CTCS3 级列控系统基础上集成 ATO 自动驾驶相关模块的行业先进技术，是世界各国轨道交通发展的趋势。CTCS3+ATO 列控系统实现了列车从车站自动发车、区间自动运行、自动停车、自动开门、车门与站台门联动等功能，可有效提升线路通过能力、旅客舒适度、列车运行效率和准点率，降低牵引能耗、减轻司机劳动强度，是高速铁路智能化的重要标志。

复兴号实现时速 350 公里自动驾驶功能，成为我国高铁自主创新的又一重大标志性成果。未来，列控系统总的发展趋势是简化系统结构、减少轨旁设备、增加车载设备的功能和智能化，降低列控系统的全生命周期成本。随着新一代列控系统移动闭塞技术、智能驾驶技术、融合卫星的自主定位技术、基于 IP 的车地无线通信等关键技术的应用，运行间隔可进一步缩短，我国高铁行车密度整体提高，线路运能得到加强，地面信号设备部署减少，从而降低铁路的建设和运维成本。

第五节

奥运版智能型复兴号长啥样

智能型动车组的研发是以复兴号为基础，按照"平赛结合"的理念来设计的，既要考虑这个车要在奥运期间用，同时要考虑奥运赛事结束之后动车组的平常运行。

智能型动车组设计了两种配置，一个是标准配置，一个是奥运配置。奥运配置是在标准配置的基础上增加了一些奥运模块去满足奥运期间大家的需求。比如，为了满足媒体的奥运赛事报道需求设置了媒体车厢；另外，为了满足运动员和滑雪爱好者的需求，在车上设计了滑雪板放置的空间。

奥运版智能型复兴号在行车、服务、维修三方面都进行了智能化升级。比如说实现了自动驾驶、智能行车；还设置了应急自动运行功能，就是如果接触网没有电了，这个车可以利用车上配置的电池，继续走行一段距离，可以确保在一定电量的情况下走到最近的车站，提高了它的应急救援功能。

京张智能动车组的设计是从 2017 年开始的，2018 年 5 月技术方案通过评审，2019 年 7 月份下线，同步完成了在郑万高铁的线路试验，2019 年底投入运营京张高铁。

在奥运版的动车组上，在 1 号、4 号、8 号车厢都提供了滑雪板存放间；在 5 车餐吧位置设计了媒体采访座，对残疾人还增加了一些适应性设计。

在造型方面，奥运版复兴号智能动车组车头分 2 种造型，一是按照鹰隼动力学造型，二是按照旗鱼动力学造型；外观涂装分为龙凤呈祥和瑞雪迎春，但该外观涂装需要到奥运会临近才会体现。

"复兴号"列车整装待发

"复兴号"餐吧，餐吧吧台采用开放式设计，车厢视觉通透，没有遮挡，餐台的顶端灯光还可以呈现五环图案

媒体车厢将被打造为独具特色的高铁移动新闻中心，可以通过智能显示屏，实时观看赛事直播；利用覆盖全车的 Wi-Fi 系统，记者可随时编辑发送赛事报道

媒体车厢内"餐吧"一角，可以喝咖啡休息

二等座车厢，采用了 2+3 的布局，车厢内设置了插座和踏板，还设有人性化的残疾人座位区，配有轮椅固定装置、SOS 按钮以及可折叠桌板等贴心设计

内饰方面，灯光设计上提供了多种氛围的设置选择，此次车上的冷色系就是为奥运专门准备的；此外，座椅增加了背部支撑，窗帘增加了密织交叉的花纹，不易褶皱，伸缩更加顺畅。

5 号车厢设置了 12 套媒体桌椅，工作台面可以扩展，桌子底下设置了更多电插座，可以直接观看赛事直播。此外，5 号车厢还是一个餐车，设置了自动售卖机，并采用开放性设计，整辆车的通透感更好。

商务舱细节：配备了无线充电装置，座椅有加热和按摩等功能，手机放上去立刻可以充电；采用包裹式设计，可完全平躺

在车厢里就可以看到比赛的直播，从车厢外壁的电子显示屏就可以看到车次、到发站和车厢号以及座位布局，提示细致到座位的排号，让旅客一目了然，能够实现智能环境感知和调节，控制列车车厢温度、灯光亮度和色温，乃至调节车内的压力波。进入隧道，灯光就会自动调亮，旅客对于车内环境的体验全面提升

洗手间内部：车上设有洗面池、坐便式卫生间、蹲便式卫生间以及残疾人卫生间，多元化设计提升旅客乘车体验

洗手台

饮水机采用触控方式操作，只需点按即可接取不同温度的饮水

专为存放滑雪器材而设计的器材柜

滑雪器材柜

车厢内设置大件行李存放处，为行动不便的旅客设计了残疾人轮椅存放处，以及紧急呼叫按钮和充电插座

在 4 号车厢，考虑奥运期间有兴奋剂检测样本运输的需求，设计了兴奋剂检测样本的存放处，也设置了无障碍的卫生间和轮椅存放处。整个 4 号车厢都采用滑槽的设计，若在残奥会期间有更多需求，可以把车上座椅全部拆掉，进行临时的变化。

在屏幕显示方面，原先复兴号动车组的外显是黄色点阵式的 LED 显示结构，现在的复兴号智能动车组屏幕更大，采用了 LCD 液晶屏幕，可以实现全彩色显示。目前的风格选择了黑底蓝字，和奥运的氛围相合，科技感更强。内显则将卫生间、禁烟标志集成显示，改变了原先车型是内外标志非一体化的设计。吊顶的电视也进行了集成化设计，一方面显示旅途到站信息，另一方面显示视频娱乐信息，提供的信息更加丰富。

第六节

高铁美学下的视觉文化元素

纵使历经百年，总有一些符号和记忆让我们不能忘怀。京张铁路也是如此，有它特有的"图腾"标志。这些"图腾"记录下当年岁月，也铭刻下时代的烙印。

🔗 "人字纹"

代表中华民族精神和京张铁路的视觉符号"人字纹"。
"人字纹"造型提取"人"的文字流变造型，用于细部和标识性的装饰及造型。京张高铁通用 Logo 图标艺术设计，体现"人"在新老京张铁路中发挥的重要意义，冬奥会期间的通用 Logo 增加了滑雪滑道元素和积雪元素以及代表冰雪的蓝色配色，彰显了冬奥会的运动氛围。

车站地面标识展现"人字纹"设计

车站墙面标识展现"人字纹"设计

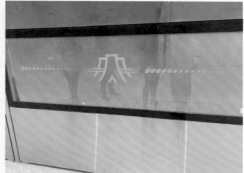

车站安全屏蔽门上的"人字纹"设计

车站墙面标识展现"人字纹"设计

车站地面标识展现"人字纹"设计

苏州码子

代表中国铁路历史的视觉印记"苏州码子"。

苏州码子发源于苏州,脱胎于中国古代的计算工具——算筹。在明清至民国时期,苏州码子作为一种民间的数字符号曾经流行一时,广泛应用于各种商业场合。花码由南宋时期从算筹分化。同算筹一样,花码是一种进位制计数系统。"苏州码子"是老京张线独有的里程标识符号,将"苏州码子"花数进行抽象化提取及打散重构,转化为极具视觉冲击的艺术形式,创作京张高铁独有的"苏州码子",装饰纹样体现花数本身的特性,寓意中国铁路源源不断的生命力。苏州码子计数方式大致如下:丨(1)、刂(2)、川(3)、乂(4)、8(5)、亠(6)、亠(7)、亖(8)、夂(9)、〇(0)。为了防止混淆,有时要将"丨""刂""川"横过来写。

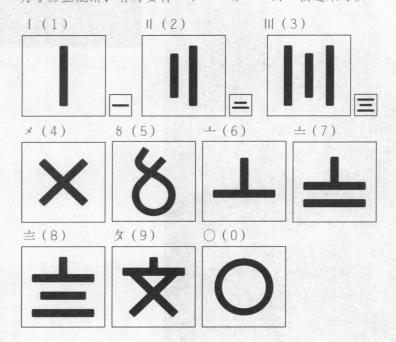

百年青龙桥站收藏的苏州码子

宣化北站候车大厅闷墩儿图案装饰

下花园北站候车大厅扶梯上的苏子码子纹饰装饰

太子城站带有苏州码子的设计元素

"山水视界"

代表中国哲学精神的视觉镜像"山水视界"。

"山水视界"主要展示中国哲学精神的视觉镜像，提取中国山水画的核心表现元素及技法，将传统中国画的写意手法，结合现代性的表现方式加以呈现，创作京张高铁独有的"中国山水意象"装饰图像及纹样。"山水视界"主要应用于柱面、墙面、玻璃幕墙、栏杆玻璃等细部及标识性的装饰及造型，如八达岭地下站候车厅雕刻的八达岭长城山水长卷、太子城站地下一层大厅主壁画、清河站二层候车大厅的机电单元等。

怀来站候车大厅墙壁上的山水视界图案

清河站候车大厅廊柱上的山水视景图案

"五行五色"

"五行五色"汲取传统美学的五色观，以五行与五方相配，将东南西北中对应五色，创作具有中国特色的色彩应用体系——水墨黑、汝瓷青、琉璃黄、冰雪白和春节红。

黑、青、黄、白、红——五色在车站内外运用得当，给人以独有的美感

春节红的运用给车站增添了色彩

第七节

新基建下的 12 座高品质车站

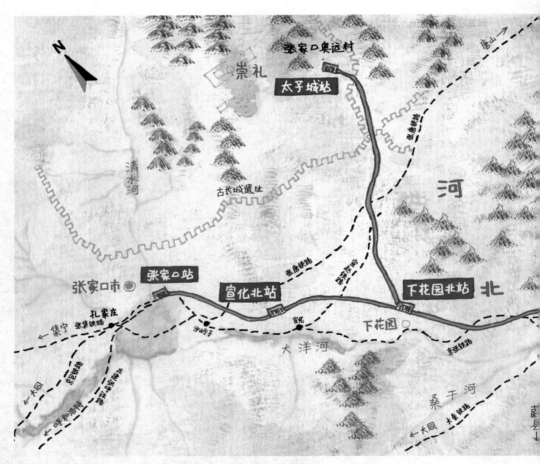

新建京张高铁、崇礼铁路、延庆支线线路平面示意图

近代社会铁路兴起，国人称铁路火车站为"旱码头"。火车站被誉为城市的"窗口"，"窗口"在建筑学词典中被释意为"房间采光和通风的构件"；现代窗口既要融合百年京张文化、奥运元素，又要追求未来感、科技感、时尚感。

车站作为一座城市的名片，衔接城市内外交通，将铁路客运站与城际铁路、长途汽车站、地铁等交通设施融为一体，承载了城市交通与为区域经济服务的功能，形成大型的综合交通枢纽。

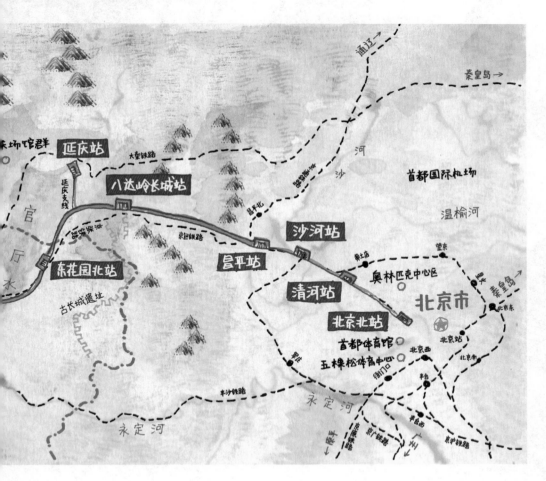

清河站光感十足

八达岭长城站是世界上埋深最深、规模最大的暗挖地下高铁车站

　　京张高铁车站建设与中国传统文化、地域文化、奥运文化、冰雪文化等元素进行高度融合，把"天地合德 百年京张"的京张高铁文化充分凸显出来；车站建设中充分挖掘了"人字纹"、"苏州码子"、"山水视界"、"五行五色"等文化元素。每个站房都有不同的文化主题。清河站的文化主题是"不息"。清河站是京张高铁主要始发站之一，老京张铁路诞生之际也恰是近现代中华民族自觉、自强不息的起点，该文化主题取清河水奔涌不息、百年铁路人自强不息之意，具有历史感和文化感。长城站的文化主题是"丰碑"——长城是中华民族文明史的丰碑，途经长城的老京张线"人"字形铁路与京张高铁在这里交会，有一种穿越梦幻的时空感觉。太子城站的文化主题是"无界"，中国文化讲求"天人合一"，空间与自然相通、人与天地相通，是中国传统文化的至高追求。

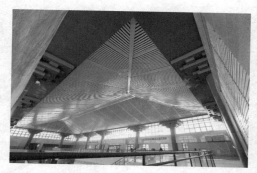
宣化北站内景

清河站的内部装饰充满浓郁的人文艺术气息

太子城站用"苏州码子"装饰的细节

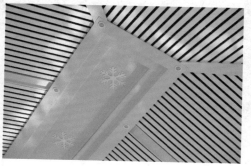
宣化北站的冰雪元素

　　从新中国成立以来新一代铁路客站的代表北京站、广州站，到站房跨越铁路的上海站、北京西站，到融合了城际铁路、长途客运、航空客运等功能于一体的武汉站、上海虹桥站、北京南站，再到当下倡导"畅通融合、绿色温馨、经济艺术、智能便捷"的新时代铁路大型客站，我国铁路客站建设经历了特色突出的不同发展阶段。京张高铁的 11 座车站无一不是新时代客站的代表。现在我们看高铁站，不是只看站区这一部分，更要看和整个城市的融合度，"始发站主辅客站 + 中心城区隧道模式"的应用、车站与自然环境相融合、绿色站房设计、全线景观及文化艺术设计等，这些都是京张高铁车站的亮点。

　　京张高铁不仅是 2022 年北京冬奥会的交通保障线、京津冀一体化发展的经济服务线，同时也是京张铁路百年历史的文化线，展示中国高铁建设成就的示范线，更是"智慧铁路、智能站房"精神的落地线。沿线有多座百年以上的老车站，如何让这些文物建筑焕发出新的价值是必须要解决好的问题。文物建筑的价值表现为其本体价值和延伸价值，其价值认知是动态变化的。当下，文物建筑保护与再利用应积极发掘文物建筑的价值内涵，使其得以延续与"复活"。法国巴黎奥赛火车站的改建是一个具有代表性的成功案例，设计师通过对空间的重新分割与利用，让老旧的火车站有了新的展览功能的需求，并焕发出勃勃的生机，成为新的地标建筑。

　　近些年，人们开始探索文物建筑再利用的方式，京张铁路就是其中一例。未来，京张铁路遗址公园将为居民增添一处有历史厚度、有城市温度的公共空间，充分发掘京张铁路承载的精神价值，让京张铁路这一国人骄傲重焕生机。

　　2019 年 10 月，"京张铁路遗址公园贯通概念方案"启动国际征集。设计任务包含两项，一是全线约 9 公里长、3.3 平方公里范围内的京张铁路遗址公园总体概念方案设计；二是 4 处重要节点的详细设计，每处面积 20 至 40 公顷。公告一经发出，50 家国内外知名设计单位热情应征，最终 6 支顶尖团队脱颖而出。

　　2020 年 5 月，经过多位跨学科领军专家组成的专家委员会和 10 万余名线上大众评审的投票，京张铁路遗址公园国际方案征集结果出炉，评选出全线概念设计

京张铁路遗址公园五道口启动区入口

京张铁路遗址公园五道口区

优胜方案 3 个、节点详细设计优胜方案 4 个。北京首次尝试以铁路遗址公园提升城市功能——被铁路所割裂的两侧城市空间，将借助遗址公园重新"缝合"。

作为首个落地项目，"小试牛刀"的五道口启动区并非完美，却让人们对京张铁路遗址公园的未来充满了期待。初夏时节，五道口的"后花园"又迎来了休闲踏青的游客。这块亲近自然的"宝地"，就是去年 9 月亮相的京张铁路遗址公园五道口启动区。启动区全线长近 800 米，面积为 1.7 公顷，大约有两个足球场大小。由于原有的铁轨已被拆除腾挪，设计人员特意找到一些老枕木，搭建出枕木花园，唤起铁路记忆：脚踏砂石地、枕木道，在铁道桥上看日落，听 13 号线地铁列车呼啸而过……

作为优胜方之一，中国建筑设计研究院有限公司提出"锦绣京张——三线织锦，绣美京张"的设计方案，以历史线、生活线、创新线为 3 条主线，串联起 6 大主题功能片区，以 24 节点的方式组成不同的开放空间。饶有趣味的是，该方案在提出对京张铁路历史建筑和要素进行静态保护的同时，设计在遗址公园内局部开通詹天佑号观光火车，活化历史记忆，增加公众的参与式体验。设计团队还提出全民公园理念，计划接通 20 条断头路，提供 2.65 万平方米的运动场地，增加 79 万平方米的绿地和花园，提供 6 个菜市场，增加超过 9.3 公里的步行道和骑行道等便民服务设施。

来自法国岱禾和同济大学建筑设计研究院联合体的方案"绿合新轨 重启京张"则在慢行交通系统梳理上较为出色。京张"人"字铁道演变为"人"字坡道，14 座特色驿站象征 14 座历史京张车站，共同构建城市瞭望及公众服务系统。

"新基建"之新，新在发展理念，"新基建"既是先进的智能科技，又是赋能智慧经济的基础设施。京张高铁全线共设 10 个车站，都是新基建力量下的高品质车站，始发自北京北站，途经清河站、沙河站（不办理客运）、昌平站、八达岭长城站、东花园北站、怀来站、下花园北站、宣化北站，到达张家口站。京张高铁及其支线铁路共 12 座车站。此外，崇礼铁路增加太子城站，延庆支线增加延庆站。

1 北京北站

西直门交通枢纽

　　西直门是北京内城的九大古城门之一，自元朝开始就是京畿的重要通行关口。北京北站始建于清光绪三十一年（1905 年），原名西直门站，是中国自主设计建造的第一条干线铁路——京张铁路的重要车站。

京张高铁的北京北站是在原有站房上改造的一座车站，站内设备、接触网设备进行过全面升级改造。从 2016 年 11 月 1 日起，为配合京张高铁工程施工，北京北站停止办理客运业务。停运 3 年后，2019 年 12 月 30 日开门迎客，北京北站是京张高铁的始发、终到站。

京张高铁开通后，北京北站将成为北京地区的始发站之一。改造后的北京北站站房布局依旧采用中央进站式，地下一层主要设置候车厅，北侧设置商业服务区，东西两侧分别设置有出站厅。地面层主要是候车厅及售票厅，南北两侧二层的局部还有商业设施。旅客可以换乘地铁 2 号线、4 号线、13 号线，地铁换乘高铁用时仅需要 5 分钟。

北京北站候车大厅

夜幕下的北京北站

北京北站
BEIJINGBEI RAILWAY STATION

西直门车站老站房

在北京北站 1 站台不远处矗立着一座造型独特的老建筑，这就是京张铁路百年老站台西直门站。西直门站是京张铁路沿线的重要车站，是 1909 年詹天佑主持修建京张铁路时建造的。1908 年、1916 年京门支线和环线铁路相继通车，西直门车站成为京张、京门、环城三线的起点站。1923 年京张铁路西延包头，改称平绥铁路。1988 年西直门车站改称北京北站，现存站房、站台、天桥等建筑，是现存京张铁路设施唯一保存较完好的一处。

北京北站候车厅外景

北京北站站台

当时游客若想游览八达岭长城，可以从正阳门出发，也可以直接从西直门上车，途经丰台站、清华园站、沙河站；若想游览妙峰山，在沙河站下车。再向前是南口站，去往明十三陵的可以从南口站下车，转雇轿夫或者驴车前往。不久之后抵达居庸关站，但此站不停车，游览居庸关的人需要从青龙桥站下车前往。火车在青龙桥站停留，经过康庄站、下花园站，最后到达张家口站，也是京张铁路终点站，继续向前则是平绥铁路展线。

2 清河站

全线建筑面积最大的车站

　　清河站是京张高铁建筑面积最大的车站，同时也是京张高铁在北京地区的始发站之一，建成后将是北京北部地区新的综合交通枢纽。该站位于北京市海淀区清河镇小营西路与西二旗大街之间，距离北京北站 11 公里，2017 年 6 月开工建设。

　　清河站建筑面积近 14 万平方米，为地下二层、地上二层的结构。秉承"大交通、零换乘"的理念，清河站采取了地铁站与高铁站同场的设计方案。建成后的清河站将在站内配置 3 条地铁线，分别为地铁 13 号线、昌平线南延线和地铁 19 号线支线。车站地下二层为昌平线南延线和 19 号线支线站台层及设备

层，地下一层为城市通廊、高铁与地铁换乘空间、地下车库；旅客不仅可以实现高铁与地铁、轻轨之间的同场换乘，而且可以实现公交车、出租车、私家车完美便捷换乘。

清河站文化主题是不息，取人与天地合德之自强不息精神，取中华民族图腾长城之自强不息精神，取百年铁路人之自强不息精神。在设计理念上被赋予了"海纳百川"之意，车站采用曲面屋顶、抬梁式悬挑屋檐等结构手法体现北京古都风貌，同时以简约有力的曲线与"A"形钢结构展示最新的建筑技术，凸显古都古韵、新貌新颜。

建成准备投入使用的京张高铁清河站

清河站西进站集散厅的主壁画

　　清河站西进站集散厅的主壁画很可能会成为"网红"打卡地。主壁画将京张铁路与京张高铁的建设历程进行艺术化提炼与表现，站房、桥梁、隧道、盾构机、架桥机、铺轨机等元素无不体现出科技的进步和中国铁路飞速发展。壁画的中心由复兴号与 1957 年中国自主设计制造的火车构成，穿梭的钢轨也由老轨道发展为新型高铁轨道，画面充满速度和前进的变奏感，远处绵延的长城与西山含蓄地表达了站房所处的地域文脉。

　　主壁画上方的清河站牌匾采用方形几何的设计手法，融合了京张铁路"人"字形概念。在体现现代感的基础上，巧妙地融入传统装饰纹样，站名底纹使用从古流传至今的贴蛋壳手法，为清河站增添了雅致的艺术气息。延续中国古典精神的同时并以现代的工艺技术使之成为现实。边框及文字分别采用手工艺术大漆、掐丝珐琅、嵌铜等多种中国传统工艺，这些技艺的综合应用展现了当代感。

清河站的候车大厅

老清河站站房整体平移现场

　　而老清河站站房是中国铁路之父詹天佑主持修建的京张铁路首批站房，距今已有 100 多年历史。清河站建设过程中，老站房整体平移，待工程完工后，移至新站房旁。老站房的平移保护，是清河站全生命周期 BIM 技术应用的一环。

3 沙河站

只办理货运业务的车站

沙河站位于北京市昌平区，是北京局集团有限公司管辖的三等站，只办理货运业务。

沙河站线路升级改造工程，工作人员在路基面上铺设的石砟（道砟）垫层

4　昌平站

古韵雄关、盛世太平

　　原有的昌平站位于昌平城区西南，建于 1915 年，是京包铁路和京通铁路上的三等火车站。1909 年 10 月 2 日，京张铁路全线通车运营的剪彩仪式就在昌平南口举行。

　　昌平自西汉设县，已有 2000 多年历史，素有"京师之枕"美称。昌平区南口镇是京张铁路建设和运营初期机务段、机车车辆厂、京张铁路总工程处、总材料厂所在地。这里被称作中国铁路建设发展的基石之一。

　　京张高铁昌平站由原址改建，建筑面积 4995.91 平方米。车站下进下出。结合未来昌平"三城两区"的规划，昌平站整体理念为"古韵雄关、盛世太平"，

昌平站候车大厅内的巨幅壁画

体现"基石"的文化主题。在候车大厅柱中、天花交界处、球形风口铝板处都融入了老京张铁路的"人字纹"元素；柱子造型与室外造型树内外结合，交相呼应。旅客地道及候车厅吊顶封边铝板为铁道"工字纹"元素。

昌平站是京张高铁途经车站，为将这座枢纽车站改造为普速与高速铁路、客运与货运混合车站，施工方对原车站进行平面改造和立面改造，辐射沙河站、黄土店站、南口站、昌平北站等诸多站场、区间的线路和设备升级协同改造等。

京张高铁昌平站内宽敞的候车大厅

5　八达岭长城站

世界最"深"高铁站

　　世界首列时速 350 公里复兴号智能动车组在地下 102 米处穿过八达岭长城，给人一种穿越历史的魔幻感。这里坐落着世界上最深、规模最大的地下高铁站——八达岭长城站。

　　如果说，古代在八达岭之上修建长城是一个奇迹，那么今天在八达岭之下修建高铁站，则是一项现代创举。

俯瞰八达岭长城站

八达岭长城站内部结构

八达岭长城站电梯

八达岭长城站站房地上部分依山就势，建筑与长城相协调，通过立体绿化与山体之间自然过渡，形体错落、互为照应。长城站地下部分隐于山下，是全线 10 座车站中唯——一座地下车站，位于八达岭景区滚天沟停车场下方，毗邻八达岭长城，最大地下建筑面积 4.1 万平方米，独创 4 个"全国之最"。八达岭长城站是我国埋深最大的高铁站，也是我国最复杂的暗挖洞群车站，还是旅客提升高度最大的车站，这里藏着全国单拱跨度最大的暗挖铁路隧道。

雪后俯瞰八达岭长城站地上建筑

八达岭长城修建于明弘治十八年（公元1505年），修建时间长达80余年，至今已有500多年的历史，古称"居庸之险不在关而在八达岭"。这里山峦重叠，地势险要，想要在这里开山辟路、挖地掘道，绝非易事。

八达岭长城站进站口

"京张高铁新八达岭隧道全长12公里，隧道内还坐落着八达岭长城站。八达岭长城站是目前国内最复杂的暗挖洞群车站，由于车站在地下102米，所以隧道内不仅要修建3层地下结构，而且要修建78个大小洞室，仅不同施工断面就有88种，施工难度特别大。"中国中铁五局集团华北指挥部指挥长陈彬说。

这样复杂的超级工程，如何在建设过程中悉心保护好文物，尽量避开不可移动文物及历史遗存？如何保证不对八达岭长城世界文化遗产核心区造成伤害？如何保护好地下水土环境？一项又一项的重大施工难题被建设者用工匠精神、工匠智慧和工匠胆识成功破解。

八达岭长城站最长电梯

　　为了保护八达岭长城和百年青龙桥站，铁路人采用了精准微损伤爆破技术，作业震动速度可以降到每秒 1.6 毫米，达到施工地表零沉降的要求，每爆破一次只相当于在长城上轻轻跺一下脚。

　　"这座车站创造了多项极致，最大埋深 102 米，是国内埋深最大的高速铁路地下车站，是国内主洞数量最多最复杂的暗挖洞群车站，是国内旅客进出站提升高度最大的高铁地下车站。车站所在的隧道是国内单拱跨度最大的暗挖铁路隧道，开挖跨度 32.7 米。"中铁五局集团京张高铁项目部经理段仕军自豪地说。

　　京张高铁开通运营后，旅客从北京北站乘坐京张高铁列车到八达岭长城只需要不到 20 分钟。可是，这么深的地下高铁站，让旅客们怎么上去呢？

八达岭长城站电梯

八达岭长城站京张高铁沙盘模型

八达岭长城站候车大厅

八达岭长城站内墙壁浮雕

事实上，旅客一步楼梯都不用爬。从地下百米的车站下车，只需乘坐"超长"电梯就可直达长城景区。旅客体验后发现，抵达后需要分两段出站，先从站台乘坐电梯提升 20 米到达出站通道，再通过 3 部长 84 米、提升高度 42 米的长道扶梯即可出站，整个过程需要 8 分钟，同时，车站还设有供残疾人出行的轿厢式斜行直梯。而进站时，旅客从实名制验证验票口通过，到达安检口后坐扶梯下到候车大厅，坐 3 部长度为 80 米、提升高度为 42 米的长道扶梯进站。

110 年后，智能京张高铁与百年京张铁路在这里交会，詹天佑用钢轨书写的"人"字演变为"大"字。八达岭长城站如一颗璀璨珍珠镶嵌在崇山峻岭之间，为美丽的八达岭再添胜景。

6 东花园北站

春华秋实 海棠葡萄

东花园北站是京张高铁出京第一站，站房建筑面积 5000 平方米。车站为两层设计，旅客从站前广场沿两侧楼梯上到车站 2 楼进站，车站候车厅内，墙面和天花板均采用曲面圆弧设计，与幕墙花伞内外遥相呼应，给人以舒缓的视觉感受，有限的空间显得更为高大宽敞。

东花园北站宽敞的候车大厅

东花园北站正门口

更让人惊艳的是，这座高铁站距离官厅水库直线距离仅 1.5 公里，在车站进出站廊道上，就能远眺官厅水库无敌水景。

整个站房造型独特，设计文化主题是"春华秋实、海棠葡萄"。外幕墙六个"酒杯花型柱廊"，给人强大的视觉冲击力。花型柱廊围绕"葡萄酒、海棠花、剪纸"的文化元素，整个柱廊像一个葡萄酒杯，每个花伞之上镂空镶嵌一朵盛开的海棠花，渐变的菱形格类似剪纸窗花。

东花园有中国最大的海棠花种植基地，也以葡萄种植和丰富的水资源而闻名，春日海棠，秋日葡萄，自然风光清新唯美。在候车大厅四周的一朵朵用五个"人"字纹拼成的海棠花，既能让旅客置身花海、减轻旅途的疲劳，又能让大家牢记"人"字形线路的创新。

刚刚落成的东花园北站

7 怀来站

葡萄美酒夜光杯

　　京张高铁开通后，从北京西直门出发，到达怀来沙城仅需 20 分钟，极大地缩短了时空距离。

　　怀来站站房建筑面积约 1 万平方米，站台雨棚投影总面积 8775 平方米，取意鸡鸣驿古城墙的香槟色外幕墙，正面 10 根 Y 型立柱，造型质朴，似酒杯又似葡萄藤叉，更像是百年京张的"人"字形铁路，尽显"葡萄美酒夜光杯"的设计美感。从古道驿站到普速铁路、高速铁路，中国地面交通的古今变迁在这里聚集。

怀来站二楼的网幕图画

建成后的怀来站

在正立面的幕墙上，工匠制作了由设计大师精心设计的四幅铜浮雕巨作，每块重约 500 公斤、高 8.6 米、宽 3.3 米，全部采用手工锻打錾刻工艺，涵盖怀来的四张名片：一座古城（鸡鸣驿古城）、一位英雄（全国著名战斗英雄董存瑞）、一瓶美酒（中国第一瓶干白葡萄酒诞生地）、一湖净水（官厅水库），实现站城融合。

在二楼栏杆的玻璃围挡上可以看到几幅栩栩如生的网幕图画，一座座山峦隐约可见，其中有的由"人"字形的水波纹组成，象征詹天佑的"人"字形铁路和官厅水库；有的则是由年份数字密密麻麻组成大山造型，寓意中国铁路勇攀一座座高峰。

山尖上的 1876 代表中国第一条铁路淞沪铁路于 1876 年正式通车；第二行的 1905 代表京张铁路于 1905 年开始修建；1909 则意味着京张铁路于 1909 年通车。这座"山"上的每个年份，都代表着铁路发展的一个历史节点，欢迎铁路迷和历史爱好者来一一解密。

夜幕下的怀来站

怀来站候车厅

怀来站综合服务中心
正为旅客服务

怀来站智能查询机

8 下花园北站

冬奥会中转站

　　下花园北站位于下花园主城区北侧偏东，京张高铁线路南侧，建筑面积为 5000 平方米。车站设计灵感源自宣府八景之一的"鸡鸣晓月"和"古道驿马飞驰"，整体外观如一轮弯月，并以现代风车叶片为造型，巧妙利用地势扭转角度，将室内景观视线旋转 45 度，引向南侧鸡鸣山。

刚刚落成的下花园北站

　　到了下花园，不妨登临车站外的鸡鸣山。沿山一路向南，就是鸡鸣驿。那是中国规模最大、功能最齐全、保存最完整的古代驿站代表。从前慢，车、马、邮件都慢，数百年前忙碌的车马驿站，如今迎来高铁驶入，历史与现实在这里的交汇意味深长。

　　在下花园北站，京张高铁"兵分两路"，一边通往张家口，一边则是崇礼，这里是冬奥会中转站。

　　站房布局采用中央进站式，中部为候车大厅及相应卫生间、饮水间等旅客服务空间；右侧为出站大厅、电力配电间、补票室等设施；左侧为售票大厅、售票室、综合控制室、信号电缆间等用房。

　　建筑内部空间覆以代表当地风貌的陶土板，粗犷的材质与光滑的叶片形成鲜明对比，现代而又古朴、灵动而不失稳重。站房内部装饰装修结合当地蔚县文化，将候车吊顶、清水混凝土柱的雕刻、铁艺栏杆进行精妙设计。铁艺栏杆以蔚县剪纸为表现形式，其上有象征冬奥的雪花元素、象征中国铁路滚滚向前发展的车轮和老京张铁路建成的时间——1909。

匠心独运的铁艺栏杆，以剪纸为表现形式

下花园北站售票大厅

9 宣化北站

古藤新芽

夕阳下的宣化北站俯视图

宣化北站位于宣化区北盆儿窑村附近，京张高铁线路北侧，总建筑面积 9997 平方米。宣化是中国历史文化名城，宣化府是北京城西的第一座府城，所以人称"京西第一府"。

宣化北站以"古城文化、新韵新宣"为灵感，宏观构架提取宣化古城墙的城楼、城台、城墙三大元素，以极简手法重构端庄雄伟的大明古城形象。微观细节处则以现代手法表现灰砖、木柱、斗拱、飞檐、庑殿顶等古建元素，再现了中国传统建筑的古典之美。

站房设计为线侧下式，旅客通过 10 米宽地下通道进出站。站房主体地下一层，地上二层，局部设夹层。一、二层中间为候车大厅，左侧设置出站厅、办公用房等，右侧设置售票厅、VIP 候车室设备用房等。站场规模为 2 台 4 线。

灰色石材的大面积应用，体现了古城墙的灰砖元素，钢条的装饰又象征了宣化的钢铁制造业；结构柱装饰成圆木红漆的高大形象；柱头简练的造型则抽象地表达斗拱的意象；屋檐饰以木椽再现飞檐的灵动；屋顶采用中国古建筑屋顶样式中等级最高的庑殿形式，不加重叠，低调而不失端庄。

红色立柱配上灰色楼梯别具风格

宣化北站候车大厅内廊上的"红色"元素

10 张家口站

雪国境门

张家口站原名张家口南站，位于塞外山城河北省张家口市桥东区站前街，是中国铁路北京局集团有限公司张家口车务段管辖的一等站，也是张呼高速铁路、京张高速铁路、大张高速铁路、张集铁路、京包铁路的交会站点。

张家口站站房以"雪国境门"为设计理念，将张家口大境门的拱门与自然地貌的弧形元素结合起来，同时融入百年京张"人"字形铁路形象，造型意象丰富并具有动感，预示在即将到来的冬奥会迎接世界八方宾朋。

张家口站总建筑面积约9.8万平方米。其中，站房面积4.68万平方米（含南北站房、高架候车厅）。张家口站站场规模6台16线，北侧3台8线为高速场（京张场），南侧3台8线为普速场（京包场），中间为高速普速合用站台。

张家口曾被誉为"长城博物馆"，是长城遗址分布最多的地区，现存有战国、秦、

汉、南北朝、唐、明等"六代长城"的遗迹。"万里长城第一门"大境门就巍然矗立在塞外张家口，这座长城上唯一以"门"命名的关隘，与山海关、居庸关、嘉峪关共同镶嵌在万里长城上，像一颗颗闪耀的明珠。

冰雪中的张家口站

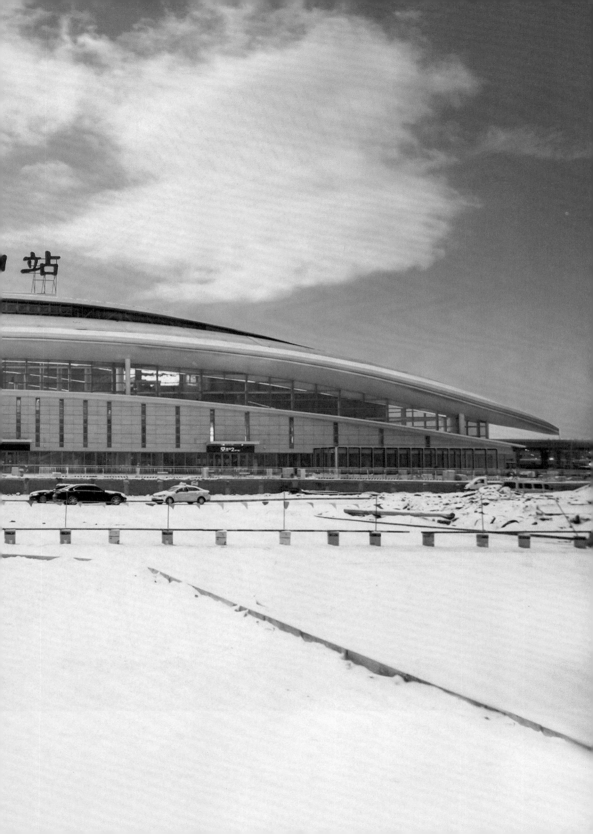

车次 Train	始发站 Departure	终到站 Destination	开点 Time	检票口 Ticket Gate	状态 Status
G2510	大同南	北京北	12:32	8A,8B	候车
G2412	呼和浩特东	北京北	12:44	9A,9B	候车
G2512	大同南	北京北	13:32	10A,10B	候车
G2420	呼和浩特东	北京北	15:36	10A,10B	候车
G2424	呼和浩特东	北京北	16:31	8A,8B	候车
G2426	大同南	北京北	17:17	10A,10B	候车
G2518	大同南	北京北	18:00	10A,10B	候车
G2520			19:11	9A,9B	候车

2019年12月24日 11:46:08

张家口车站候车大厅内的大屏幕

张家口车站自动扶梯

车站内的视听体验休息区

11　太子城站

冬奥会史上首个直达比赛核心区的车站

　　太子城站是崇礼铁路的终点站，位于张家口市崇礼区，距离张家口市主城区 50 公里，距离 2022 年北京冬季奥运会崇礼赛区奥运村 2 公里。

太子城站进站口

太子城站是冬奥会史上首个直达比赛核心区的车站。车站外形以优美的自然山形"曲线"为元素，以白为主色调，鸟瞰就像镶嵌于山中的一块美玉，又犹如一颗晶莹剔透的明珠。站房设计寓意"无界与分享"，主要体现建筑与自然、中西文化、奥林匹克精神的共存。

太子城站建筑面积2.1万平方米，由地下一层、地上一层及局部夹层组成。站场规模为3台4线，设2座岛式站台。奥运期间为方便运动员及媒体人员出入，增设基本站台一座。站房采用中央进站式，首层为候车大厅，左侧为电力配电间及办公用房等；右侧为售票大厅、VIP候车室及设备用房等。

作为奥运会重要接待车站，太子城站建设了近6000平方米的奥运临时换乘中心，设有快速进站通道、奥运临时进站通道及赛时综合服务中心和铁路文化展厅，用于服务冬奥会期间普通旅客换乘进站。

太子城站站台

太子城站售票大厅

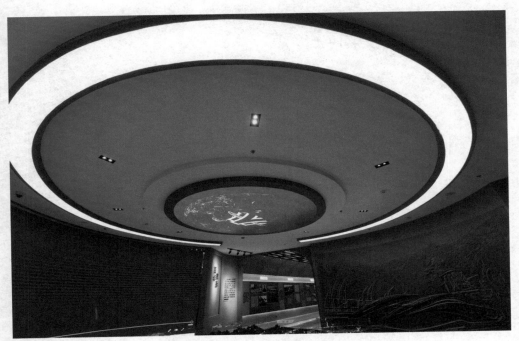

太子城站候车大厅

设计独特的太子城进站大厅

大国速度 百年京张

太子城站外观效果图

2022 年北京冬奥会张家口赛区将产生 51 块金牌。由于正对着冬奥会颁奖广场，太子城站将成为颁奖仪式的天然背景。

12　延庆站

冬奥会重点交通服务配套设施

　　延庆站是京张高铁延庆支线的终点站，是京张高铁延庆综合交通服务中心（换乘中心）的重要组成部分，也是2022年北京冬奥会重点交通服务配套设施。

　　延庆站与换乘中心相融，是集高铁、市郊铁路、公交、出租车、自行车等多种交通方式于一体的综合枢纽，将在北京冬奥会期间主要承担观众和部分注册人员的交通转换及服务功能，冬奥会后将服务于延庆区百姓日常活动及通勤，并为游客提供出行便利。

延庆站内的欢迎指示大屏

延庆站外的标识

俯拍延庆站全貌

　　整个换乘中心西高东低，银白色的屋顶好似蜿蜒的河水自西向东倾泻而下，将"高山流水"的建筑理念表现得淋漓尽致。南立面玻璃幕墙上，"延庆站"三个红色的大字分外夺目。

　　延庆站内部设有多处文化浮雕。候车大厅东侧墙体上悬挂有八达岭长城主题浮雕；地下一层出口处东西两侧，分别有延庆标志性景观"海陀冰雪"和"妫河丽景"两块大理石浮雕。

延庆站内的游客休息区

　　候车大厅、出站换乘厅、旅客平台等空间均设置了文化艺术性浮雕和装饰物，充分融入冬奥会、世园会、八达岭长城以及铁路等文化元素。在旅客服务方面，延庆站注重提供人性化服务，围绕旅客乘坐列车全过程进行设计，让旅客从购票、到站、进站、候车、乘车、出站（换乘）等环节全程体验京张高铁的智能。

明亮的延庆站候车大厅

延庆站外观全貌

第八节

最强"大脑"高速运转

调度指挥中心

在中国铁路北京局集团有限公司调度所有一个京张高铁调度指挥平台，这里就是智慧车站的数据后台，也被称为"最强大脑"。

放眼整个调度指挥平台，偌大的大厅像一座巨幕影院。一排排调度指挥台扇形排列。正前方是一整面墙的大屏幕，上面实时滚动着各项数据，京张高铁各大火车站的客流一目了然。刘仁伟就是整个平台的"自由人"，来回游走，哪里有需要处理的情况第一时间赶到。

联调联试显示屏

　　智能化高铁运行中，列车司机只要按下自动驾驶按钮，整趟列车就会按照既定设置运转，所有运行轨迹都由调度台监控。调度就是列车的大脑。

　　京张高铁在开通运营后多次加开列车，车次越开越多，运行图也就越加越密。每天刘仁伟和同事都要紧盯京张高铁运行的每个细节，确保正点无误，运行顺畅。

调度指挥中心

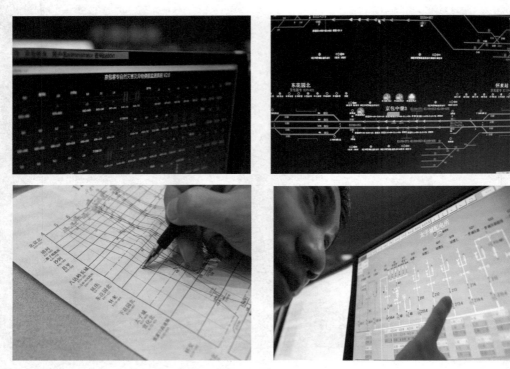

调度图

铁路工程管理平台

动检车

联调联试现场

　　"京张高铁11座车站拥有同一个'大脑'。"中铁工程设计咨询集团有限公司京张高铁总体设计师王洪雨介绍，通过这个"大脑"，工作人员在控制室就可以实现客运站灯光、温度、湿度等设备管理。算上崇礼铁路太子城站和延庆支线的延庆站，京张高铁办理客运业务的车站共11座，各站的"智能大脑"可实现数据共享。

　　京张高铁是目前世界上最先进的时速350公里智能高速铁路，智能大脑是智能车站的核心系统。步入京张高铁各个车站，旅客只需一部手机、一张脸、一张证就可以轻松乘车，处处感受到智能大脑给旅途带来的前所未有的出行感受。

　　购票时，旅客不用再去售票厅排队，只需一部手机就可轻松在12306网站买到车票。旅客也可以到综合服务中心体验类似银行一样的叫号等候服务，综合服务中心提供购票、退票、改签、打印报销凭证、打印临时身份证等服务，免除旅客排队等候的烦恼。

车站内的智能客站综合指挥中心大屏幕

车站内的智能客站综合指挥中心大屏幕

　　进站时，旅客不用再去取票，只要一张身份证，刷脸就可顺利进站。

　　在候车时，智能大脑自动感知车站内温度、湿度、噪音、亮度，自动调节站内候车环境；智能语音合成系统会自动广播，提示旅客；智能显示系统将根据列车情况自动引导旅客候车、进出站、上下车，让旅客的候车体验更加舒适。

　　在服务台，旅客只要刷脸就可通过智能查询机查询行程，智能导航可引导旅客至所乘列车的检票口、站台，还可以引导旅客换乘公共交通，实现无缝衔接。

　　检票后，智能引导系统会引导旅客到所乘列车的站台、车厢；智能监控系统会提醒旅客不要越过站台白色安全线、不要进入站台端头危险区。

　　如果出现列车晚点情况，旅客也不用担心，所有显示、广播都会根据列车运行的实时信号做出准确分析，并对外公布晚点后的到达、开车时间。

动检车，又称"黄医生"

黄色动检车整装待发

　　智能大脑还可自动识别取票排队、进站排队和候车区内聚集人数。当聚集人数达到安全值时，智能大脑会提醒工作人员，将旅客引导至排队较少的取票机、安检口处，达到均衡排队、均衡候车，确保安全。

　　将来，会实现"刷脸无感"出站，旅客不用再出示车票、也不用刷身份证，出站闸机上的摄像头自动刷脸识别旅客的信息，出站闸机自动开放，旅客在整个出站过程中畅通无阻。

　　智能大脑把舒适、便捷的服务送到旅客身边的同时，其全面共享的庞大数据量、深度融合的各项业务、精准到位的服务输出会一直为车站安全、高效生产保驾护航。

第九节

高质量高标准的"后台"管理系统

管理平台应该说是智能技术最能大展身手的一个领域了。现在谷歌、微软、华为等知名企业都在研发基于物联网、云计算、大数据等多种技术的人工智能平台。铁路大数据系统遇上智能管理平台，则会极大地促进"车机工电辆"等不同专业间的协同配合，从而增强运力、提高效率。

高标准高质量管好用好京张高铁是一项艰巨的任务。中国铁路北京局集团有限公司作为运营单位加快熟悉运营组织，探索高寒地区、雨雪天气等恶劣环境下的高铁运行规律，强化调度部门和站车部门的协同联动，保证行车安全；加快熟悉设备，熟练掌握运输设备、服务设施特别是各类智能设备的基本性能、养护要求、操作规范，确保进一步完善和提升京张高铁智能化水平，为举办一届精彩、非凡、卓越的冬奥会做出应有的贡献。

1. 智能型复兴号的"4S 店"

北京北动车所位于北京市昌平区，2019 年 10 月启用。夜晚从空中俯瞰，北京北动车所的存车线上灯火通明，形似"陆地航母"并驾齐驱。在航母"甲板"上，一列列完成检修的动车组集结完毕，景象会非常壮观。

人们不禁会问，天天在高铁线路上飞驰的智能型复兴号动车组下班之后都去了哪里保养？北京北动车所承担京张高铁动车组的检修和整备等工作，被称为高铁动车组列车的"4S"店。

　　按照技术规程和工艺要求，智能型复兴号动车组每运行 4400 公里或 48 小时都要进入这里进行一级运用检修。平时，智能型复兴号回库之后的第一道工序就是清洗。全自动洗涤机对进库的动车组进行消毒清洗，动车以每小时 15 公里的速度缓缓驶入洗车库。在这里，出水口喷出动车专用洗车溶液，轨道旁的巨型毛刷依次启动为复兴号"搓澡"。

　　接着展开检查作业，一辆动车检查，由一组 4 人分工作业，整个过程需要 4 个小时，要求作业人员务必细致入微地检查每个零部件，保证按时按质完成作业，以确保车组达到上线运行条件。机械师认真检查车头和两侧裙板，无数次蹲下、站起；同时要仔细查看受电弓和车顶状态；车底检修人员负责给复兴号做"足底按摩"，检查列车走行部，用手电照射，并用手触摸构件表面，检查是否有裂纹。车内检修人员从司机室开始检修试验，确保各项功能状态良好。

智能检修机器人在 D21-2 股道进行检测作业

"复兴号"在动车所做例行"体检"

京张高铁检测员

北京动车段北京北动车运用所

2. 2020年如何安全平稳度过汛期？

4月中旬，春花未落，山风温柔。在京张高铁居庸关隧道口，几名铁路"蜘蛛侠"挂好安全绳，开始对山上的固网进行巡检作业。

京张高铁是我国首条智能化高铁，线路桥隧相连，防洪检查难度大。北京工务段在京张高铁防洪检查中采用人工和无人机检查相结合、电脑终端分析风险的方式，大大提升了防洪检查的精准度和工作效率。

乘坐京张高铁的旅客可能没有注意过各隧道口。各隧道口周边两侧都被整理成"梯田"形状，一层层下探至平地。隧道口上方及周边都拦上了钢铁材质的主动及被动防护网。被动防护网就是斜向上撑开，像安全床一样可接住异物的"网兜"。主动防护网则深深锚进山体，牢牢固定边坡土质。

北京工务段扫山工在京张高铁居庸关隧道旁山体进行扫山排查

北京工务段利用无人机与人工检查相结合的方式进行防洪检查

"今年夏天是京张高铁遇到的第一个汛期'大考'，考试成绩怎么样，这段时间的'复习'很重要。"北京工务段总工程师丁国富这样形容这段时间的紧张工作。去年12月30日，京张高铁正式开通。作为首条智能化高铁，京张高铁沿线的各项防护设备也均升级加码。丁国富介绍，京张高铁全线都有视

扫山工在京张高铁居庸关隧道上方进行山体清理作业

频监控，一旦有山间石块、草木异物等侵限，后台会第一时间发现。而且，不同于京张铁路，京张高铁的隧道进出口坡面斜度更大，可以更长距离地阻止山上异物掉落。

3. 高铁小姐姐是怎样产生的？

为了高质量完成京张高铁列车值乘任务，北京客运段从京沪高铁车队、京广高铁车队、京哈动车车队中，优选出多名列车长和列车员，组建完成了 158 人的京张高铁车队。车队平均年龄只有 27 岁，她们无论形象、气质、素养、技能都经过层层选拔、优中选优，综合素质十分过硬。

2019 年 9 月 11 日，北京客运段正式成立京张高铁车队，由于京张高铁的特殊性和重要性，车队组建后在通识培训的基础上，增加特色培训。人容着装、形体礼仪、英语练习都被列为了常态化培训项目，形成每日的必修课。

整装待发的"动姐"

画好一个让人看着既舒服又干净的妆容并不容易，如何让自己的微笑更有亲和力，引导的手势怎么才能做得既自然又不失尊重，这些细节需要精打细磨。入路 6 年，被称为"万能列车员"的京张高铁车队列车长杜薪敏感触很深。作为一名高铁列车员，基本的礼仪在上岗前都经过培训，这次来到京张高铁车队的礼仪培训可以说是加强版。

"动姐"们出发前整理妆容

来自呼和浩特铁路局的高铁小姐姐，与北京铁路局的高铁小姐姐相比，她们的铁路制服富有民族特色

"动姐"在"复兴号"上做出发前的准备

她们还成立了一支英文志愿小组，选拔英语较好的列车员，熟练掌握设备设施、沿途景观及冬奥会知识等介绍，以更好地服务世界各地游客。为了能够为冬残奥会提供更好的服务，此次培训还增加了手语项目，并将其列入常态化培训。"除了英语，我们还进行了俄语、法语等多语种的基本服务用语培训，这多语种对于我们大多数人来说都是个全新的领域，大家学得也格外认真。"杜薪敏说。

4. 充足动力如何提供？

接触网是高铁列车运行的动力保障。为确保这条时速 350 公里的智能高铁安全运行，整个供电系统都启用了先进的智能设备。

360 行，行行出状元。接触网工是指安装、调试、检修、保养铁路电气化牵引供电接触网设备的人员。他们被称为高铁牵引供电系统的"守护人"。

北京供电段负责京张高铁沿线供电设备的安全。他们的工作不仅辛苦，还需要面对高压、高空、高危的考验。接触网工常常需要爬上铁路钢柱保养接触网，需要"脚扣"辅助攀爬。

京张高铁接触网

京张高铁新建 10 千伏配电所 7 座，安装箱式变电站 130 座，敷设 10 千伏贯通线高压电缆 1656 公里，并首次全线采用智能化变电所，能实时监测列车运行中的状态信息，在线处理发生的故障，使列车运行更加平稳可靠。智能化变电所是由智能化一次设备（电子式互感器、智能化开关等）和网络化二次设备分层（过程层、间隔层、站控层）构建。

京张高铁接触网调试现场

5. 最帅天团来自哪里?

负责驾驶京张高铁列车的动车组司机团队来自怀柔北机务段。为了高质量开好京张高铁列车,筹备组提前一年选拔了近50名动车组司机骨干进行培训。他们短时间内就掌握了高铁驾驶的全部技术,考取了资格证。

每一名司机需要摸透每一段线路、每一个停靠车站的"脾气秉性"。为此,他们收集了信号机坐标、区间信号标志牌坐标、隧道长度、线路坡度等繁杂的数据资料,并经精心计算处理,形成三大本厚厚的线路图。

2020年春运的大幕拉开了,对于怀柔北机务段动车组的指导司机王柏来说,这个春运非比寻常。

参加工作十几年的他经历过很多个春运,而今年春运,他的"座驾"换成了智能高铁列车,值乘的线路就是京张高铁。对此,他倍感自豪。

2019年10月,王柏就带领指导组的动车司机奋战在这条线路上。京张高铁线路地处高坡,情况复杂,长大下坡道多达6处,最大坡度达到了30‰。为了尽快熟悉线路、制定操纵办法,他结合现场实际情况,认真梳理高坡区段、

高铁司机即将"上岗"

动车组司机准备交班 I

动车组司机准备交班 II

分相及中继站位置，带领组内人员不断尝试优化操纵办法，协助车间制定完善动车组长大坡道运行安全措施，为春运期间列车平稳安全运行打下了坚实基础。

司机正在通过无线调度通信设备手持终端沟通情况

动车组司机交班后向列车和同事敬礼

第十节

催热冰雪经济和冰雪激情

2020年春运是京张高铁开通运营后的首个春运。春运期间,搭乘智能高铁列车的旅客人数激增,平均上座率达91.2%;旅客乐享冰雪激情,平峰日也要加开高峰日列车;开通半个多月,已经3次加开多趟动车组列车……这就是世界上最先进的时速350公里智能高速铁路——京张高铁开通20多天创造的百万成绩单。

滑雪运动员乘坐京张高铁

两种型号的新一代智能"复兴号"动车组电脑示意图

2022 年冬奥会在北京、张家口两地举办，从北京乘坐智能高铁列车去河北张家口崇礼滑雪，仅需要 47 分钟，这也成为促进冬奥冰雪产业的一个重要契机。

根据《2019 年中国冰雪产业发展潜力报告》，我国进入冰雪产业发展的"黄金 20 年"，中国冰雪产业发展依赖城市消费，是消费驱动型产业，并具有较强的辐射带动作用。

"带动 3 亿人参与冰雪运动"是北京携手张家口申办 2022 年冬奥会时对国际奥委会作出的庄严承诺。京张高铁在推进京津冀地区冰雪产业的发展上起到了至关重要的作用。张家口崇礼区地处京冀晋蒙四省区市交界处，地理位置优越，冰雪资源丰富，也是 2022 年北京冬奥会雪上项目主赛区。

这里有超过 5000 多平方公里地域具备建设高品质雪场的优良条件，已建成包括崇礼滑雪场、鸳鸯湖滑雪场等多个世界驰名的冰雪运动胜地。随着 2022 冬奥会的临近，张家口有望成为中国的"阿尔卑斯"。

崇礼冰雪小镇上儿童在滑雪

　　冰雪产业为什么要做成产业链？讲一个滑雪爱好者宋先生的故事，你或许就明白了。宋先生是一名单板滑雪爱好者，每年冬季要在北京至崇礼间往返20来次。他说："以往去崇礼太舞雪场滑雪都是雪友拼车，京张高铁开通的消息在雪友圈炸开了锅。现在群里的滑雪爱好者大都选择乘坐高铁列车出行，在那里度过一个周末。崇礼小镇的酒店都很高端，而且比北京便宜。"

　　自从京张高铁开通后，距离太子城站不到两公里的太舞滑雪小镇的游客结构发生了很大改变。据太舞滑雪小镇常务副总裁李永太介绍，旅客如果乘坐京张高铁列车来这里滑雪，坐首班车来，末班车走，可以滑5个小时，非常过瘾。现在，平日进入太舞滑雪小镇的游客数接近4000人，周末游客数在6000人左右。京张高铁开通后，游客数增长了30%。

"动姐"在车上为旅客热情服务

想要抓住市场、抓住游客，必须要有自己的特色。结合张家口的条件，青少年冬令营、冰钓和狗拉雪橇、冰雪婚礼会是不错的尝试。 来自北京的孙女士一家准备春节在冰雪小镇崇礼度过，陪伴孩子提高滑雪技能。 "崇礼的云顶雪场是世界级的雪场，所以我们让孩子在这里练习。如今不到 1 个小时就到太子城站，再乘坐十几分钟的摆渡车就可到达雪场，太方便了！"孙女士高兴地说。

留张影吧——京张高铁开通当日游客们踊跃合影留念

身背滑雪器材的旅客正在出站

京张高铁的开通辐射带动了沿线周边餐饮、住宿、商业等配套产业的发展，冰雪经济正在迸发出新的活力。

旅游业态要具备 6 大要素：吃、住、行、游、购、娱，而冰雪经济包括了这所有要素——景区景点、酒店接待、餐饮服务、交通设施建设、导游基础培训等。"旅游＋文化"是推广冰雪旅游的好方法。京张高铁一站一景，站站都可以发展旅游业态，有古老的居庸关长城、八达岭长城、鸡鸣山，有现代的沙河滨河公园、官厅水库国家湿地公园；从宣化古城到张库大道，从茫茫塞外到风情冰雪。一列充满"黑科技"的智能型复兴号高铁满载冰雪激情呼啸驶来，穿越万里山河，开启绚烂之旅。

北京冬奥组委运动员委员会主席、中国首位冬奥会冠军（左一）与奥运冠军体验京张高铁

北京冬奥组委运动员委员会主席杨扬也乘坐首趟列车前往崇礼赛区。"北京和张家口两个赛区间的转场时间缩短到了一个小时以内，对冬奥会的筹办和大众参与冰雪运动都有巨大的作用。以前经常看到组委会同事往返北京和崇礼，路上耗费很多时间，这条高铁对提升筹办效率很重要。"她说。

京张高铁的开通大大缩短了北京至张家口的距离，让张家口融入"首都一小时通勤圈"，北京及周边游客的短途旅游目的地也得以扩容，张家口将成为首都周边旅游热点目的地。

第三章

基建的力量
穿越时空的对话

夕阳下施工人员在脚手架上

第一节

在中华民族发展历史上留下醒目注脚

对话京张城际铁路有限公司管理建设团队

　　新时代催生了京张高铁，而建设京张高铁这个重任就落在了京张城际铁路有限公司全体管理者和建设者身上。京张公司坚持以"铁路先行、建设担当、京张引领"为己任，以中国国家铁路集团有限公司党组制定的"精品工程、智能京张"为目标，以政治建设为统领，以质量安全为核心，以高标开通为操守，加大信息化应用，坚持精益化管理。为此，笔者对京张城际铁路有限公司的参与团队进行了采访。

京张高铁"复兴号"驶过北京市区

Q: 作者

A: 京张城际铁路有限公司管理建设团队

夜幕下的官厅水库特大桥灯光秀

Q：京张高铁是 2022 年北京冬奥会的交通保障线和促进京津冀一体化发展的经济服务线，也是传承京张铁路百年历史的文化线和全面展示中国铁路建设和高铁建设成果的创新示范线，作为管理建设团队，你们是如何完成这一重大历史使命的？

A：习近平总书记视察北京城市规划建设和冬奥会筹办工作时作出重要指示：要把绿色、共享、开放、廉洁的办奥理念贯穿于冬奥会筹办工作的全过程，并多次过问京张高铁建设情况。

京张高铁，是中华民族回望百年，在国家和民族发展历史上写下的一个醒目的注脚。承担京张高铁建设，使命光荣、责任重大，党中央高度重视，人民热切期盼。

"精品工程"，就是通过精心设计、组织、精心施工，使京张高铁设计新颖、安全可靠、技术先进、品质一流，集中国高铁建设运营技术和管理水平之大成，成为优质工程、创新工程、生态工程、人文工程和廉洁工程；"智能京张"，就是采用云计算、物联网、大数据、人工智能、移动互联网、BIM 等先进技术，通过信息的全面感知、安全传输、融合处理和科学决策，打造智能车站、智能列车、智能线路，实现旅客智能出行、铁路智能运输。建设"精品工程、智能京张"，是时代发展和推动铁路从数字化向智能化发展的内在要求，是实现中国高铁建设技术质量效益领先、装备服务领先的必然要求。

清华园隧道内部

Q：作为顶层管理团队，如何指导建设单位进行中国创新，如何破解京张高铁建设中的难题，如何打造精品工程？

A：京张高铁集中国高铁技术之大成。工程艰巨复杂，全线桥隧比达66%。其中，八达岭长城站，是国内最大埋深、最大断面、最复杂洞室群地下车站，为保护文化遗产采用精准微损伤控制爆破技术和预应力锚索加锚杆整体支护体系；清华园隧道穿越北京市中心城区，是全线穿越地层复杂、重要建（构）筑物众多的大直径、单洞双线盾构隧道，采用全预制轨下拼装结构，创造了月均掘进240米的京张速度；建设中采用了降噪节能、绿色环保的理念，采用了人性化、智能化设计。这些均为京张高铁建设中的新挑战、新突破。

我们夯实基础，把控关键，兑现节点；不忘初心，砥砺前行，统筹推进；加强协调，联合共建，以混凝土制品为代表的工厂化生产，以盾构掘进为代表的专业化施工，以长大隧道三臂凿岩台车为代表的机械化配置，以BIM技术和工程管理信息化平台应用为代表的"四化支撑"为实现精品工程目标打下坚实的基础。京张公司已把巩固和提升京张高铁品质作为后续工作目标，决心做高铁示范的"追梦人"。我们用智慧和汗水拼搏出中国铁路建设者的激情和风采，再次让中国铁路建设者以智慧和卓越为实现中华民族伟大复兴的"中国梦"而增光添彩，全线创建精品工程90项，其中国家科学技术进步奖2项、中国建设工程鲁班奖13项、中国土木工程詹天佑奖4项、铁路优质工程一等奖21项、省部级工法29项。

Q：京张高铁通车运营那天，我在采访时看到你们很多管理建设者激动得流下热泪，热泪背后会有哪些故事？

A：京张高铁 12 月 30 日开通运营，习近平总书记作出重要指示。他指出，1909 年，京张铁路建成；2019 年，京张高铁通车。从自主设计修建零的突破到世界最先进水平，从时速 35 公里到 350 公里，京张线见证了中国铁路的发展，也见证了中国综合国力的飞跃。回望百年历史，更觉京张高铁意义重大。谨向参与规划建设的全体同志致以热烈的祝贺和新年的问候！

这是对京张高铁建设和铁路工作的充分肯定，是对进一步做好铁路工作、推动铁路高质量发展的殷殷嘱托，是对全体参建者的极大激励和巨大鼓舞。京张公司第一时间召开党委扩大会，组织班子成员中层干部迅速学习贯彻习近平总书记重要指示，公司干部职工深受鼓舞，倍感自豪，纷纷表示坚决贯彻落实习近平总书记的重要指示精神，立足新起点，展示新作为。

京张高铁铺轨

京张高铁第一隧道清华园隧道运用智能技术穿越北京古城地下

京张铁路公司管理人员过组织生活

　　回顾和展望"精品工程、智能京张"建设，京张高铁已成为我国高铁建设的新起点，作为京张高铁的建设者、见证者，从京张铁路到京张高铁，代代中国铁路人追求卓越、为国争光的底蕴一脉相承。京张高铁的历史地位和重大意义，必将伴随着中国铁路建设发展，特别是伴随着我国从全面建成小康社会到基本实现现代化，再到全面建成社会主义现代化强国宏图大业而日益显现，历久弥新！

正盘台隧道内正在搭建支护设备

第二节

中国人要造世界上最好的桥

对话中铁大桥局集团五标项目部

官厅水库特大桥

中国有句老话："逢山开路，遇水搭桥。"中国人天生具有造桥的气质。中国中铁大桥局集团因修建万里长江第一桥武汉长江大桥而诞生，60多年里先后获中国土木工程詹天佑奖24项，是世界上设计、建造桥梁最多的企业，被业界称为造桥的"国家队"。

100多年后，2016年春天，在京张铁路身旁、官厅水库侧畔，来自中铁大桥局集团的建设者将钻机深深钻进水下，开始进行官厅水库特大桥的栈桥施工作业，由此拉开了京张高铁的建设序幕。

Q: 作者

A: 中铁大桥局集团五标项目部

Q: 京张高铁许多桥都是由咱们中铁大桥局集团五标项目部承建的，你可以给我们简单介绍一下京张高铁全线的桥梁建设和设计情况吗？

A: 桥之美，"一桥飞架南北，天堑变通途"。长桥之美，如卧龙一般，仿佛有生的气息。中铁大桥局集团五标项目部承建京张高铁 2 座特大桥、1 座大桥、3 座中桥、9 座小桥涵，正线路基长 3.3 公里，另外有京包线改建长 1.1 公里的施工任务。

官厅水库特大桥和土木特大桥是京张高铁的控制性工程之一。官厅水库特大桥位于张家口进北京的"风口区"，全长 9077 米，主桥采用 8 孔 110 米的变高度简支钢桁梁跨越官厅水库水资源一级保护区，是国内首座运行 350 公里时速无砟轨道钢桁梁桥；土木特大桥全长 3503 米，依次跨越大秦铁路、京包铁路和京藏高速公路。

Q: 官厅水库特大桥被誉为京张高铁一道亮丽的风景线。据了解，在其建设过程中创造了很多建设之最，特别是在环保方面有很多新技术的应用。请与我们分享一下。

A: 京张高铁建设的三项"之最"由官厅水库特大桥来完成：官厅水库特大桥是国内首例适用于 350 公里时速有砟轨道高速铁路的钢桁梁桥；在跨越京藏高速公路和大秦铁路时，采用连续梁墩顶转体施工，墩顶转体连续梁最大跨度 128 米、最大转体重量 8700 吨，为目前国内最大跨度、最大吨位的高速铁路墩顶转体连续梁。

官厅水库特大桥主桥设计充分体现了"轻质、大跨、环保"的现代铁路建设理念，与湖面交相辉映，建成后将成为一道亮丽的风景线。

官厅水库特大桥位于 280 平方公里的官厅水库之上。官厅水库是北京重要的水源地之一，属于国家一级水源保护区。桥址处具有的水深、风大、环保

黄昏中的官厅水库特大桥

要求高等特点使官厅水库特大桥建设施工中对环保要求极高。

为了降低施工对湖水水质的影响，避免污染官厅水库水质，大桥钢梁采用"预拼装 + 顶推"的施工方法作业，即所有钢梁都在岸上拼装好，再利用千斤顶将组装好的橘红色钢结构一块块推到桥墩上固定。

听起来架设这座桥梁就像搭积木，可是每块"积木"长 110 米、宽 13.8 米，相当于 1/3 个标准足球场那么大；"积木"高 19 米，比 6 层楼还要高；而且每块"积木"有 1850 吨重，相当于 5 列高铁列车重量的总和。拼装这种"重量级"的"积木"，没有相应的架桥机，还是在距离水面 24 米的高空作业，更要经受常年大风的干扰，难度系数妥妥的五颗星。

Q：中国桥梁和中国高铁一样已经成为一张闪亮的名片，在施工中，你们创造了哪些数字记录？

官厅水库特大桥

A：中铁大桥局集团承建的京张高铁五标所有工作均在"快速施工"这一管理理念下展开，各工程节点科学有序快速推进。其中，京张高铁官厅水库特大桥作为全线的控制性工程，是全线推进速度最快的项目，49 天完成栈桥施工，76 天完成主桥桩基施工，77 天完成 7 个主桥墩水中围堰承台施工，81 天完成主墩墩身，172 天完成主桥下部结构施工，8 个月顶推 1.49 万吨钢梁……

土木特大桥依次跨越大秦铁路、京包铁路和京藏高速。跨既有线施工涉及单位多，施工组织协调难度大，上跨、临近既有线施工安全风险高。

因速度快、工程优，官厅水库特大桥在建设过程中得到了社会各界的广泛关注，吸引了尼泊尔、伊朗、俄罗斯等外国铁路人士来到现场观摩考察，施工速度、安全质量得到了他们的一致好评，中铁大桥局集团在开放中展示了中国速度。

秋日的官厅水库特大桥

第三节

八达岭长城脚下打隧道

对话中国中铁五局集团建设团队

八达岭长城站修建中

八达岭长城站电梯

　　在古老的八达岭长城下，"集中国高铁建设十年之大成"的八达岭隧道的贯通，创造了中国中铁五局集团长大高风险隧道施工的新奇迹，再一次展示了中铁五局的实力、打响了中铁五局集团的品牌。

Q: 作者

A: 中铁五局集团建设团队

Q：中铁五局在隧道方面有王牌军之称，在八达岭长城脚下打隧道与以往的打隧道有什么不同，创造了哪些之最？

A：与以往中铁五局承建的长大高风险隧道不同的是，在这座隧道的腹地还需要建设一座最深的暗挖高铁车站——八达岭长城站。

八达岭隧道施工中

这是目前国内埋深最大的高速铁路地下车站，是目前国内最复杂的暗挖洞群车站，是目前国内单拱跨度最大的暗挖铁路隧道，是目前国内旅客提升高度最大的高速铁路地下车站。车站设计首次采用叠层进出站通道形式，首次采用环形救援廊道设计，首次采用一次提升长大扶梯及斜行电梯等先进设备，首次采用精准微损伤控制爆破先进技术。

京张高铁八达岭隧道施工现场

Q：八达岭长城是中华民族的象征，也是世界文化遗产，我们采用了哪些新技术和新的基建理念，确保世界文化遗产毫发无损？

A：为了解决这些难题，中铁五局项目部成立了科技攻关小组，多次召开专题会议，仔细研讨施工工艺和方法，制定科学施工方案。在技术思路和措施上，采用预应力锚杆、预应力锚索、格栅网络及多层分组喷射混凝土共同组成的主动支护体系，形成了刚柔并济多重防护的围岩自承载支护结构。

大跨过渡段，提出"DFHZ 工法"，即"顶洞超前、分层下挖、核心预留、重点锁定"的 13 步新型开挖工法，实现了超大断面隧道的安全快速施工。

采用预应力锚杆技术，增强较弱岩层的稳定性，避免岩层出现离层或是错动现象。使用电子雷管减震爆破施工技术，将爆破震动的幅度和分贝降到最低，减少了施工对山体的扰动，最大限度地保护长城。

在新材料和新设备运用上，采用纳米喷射混凝土增强初期支护强度，运用高性能混凝土确保大跨过渡段浇筑质量；采用大断面变截面台车实现大跨过渡段 9 个断面的施工，使用拱架安装台车、隧道内预应力锚杆等新机具。

在信息技术方面，运用 BIM 技术、人车定位系统、智通交通指挥系统等技术，实现隧道多作业面施工管理的创新，为智能京张建设奠定了基础。

Q：在百年青龙桥车站詹天佑雕像脚下修高铁，又是一种什么样的感觉？

A："在百年青龙桥车站詹天佑雕像脚下修高铁，每天都有一种神圣感，感觉他的目光时刻在注视着我们。如果工程竣工后，不能捧回中国建设工程鲁班奖、中国土木工程詹天佑奖，真是愧对铁路鼻祖詹天佑老先生！"中铁五局副总经理、京张项目经理陈彬每次生产会上都会这样告诫全体参建员工。

一进场，中国中铁五局集团项目部就明确了最终目标，制定了技术交底制、工序报检制、测量复核制等技术管理制度，对工程质量层层把关。项目部要求技术人员深入施工现场，善于观察工作细节，找出质量问题，督促现场整改。通过对工程质量的过程控制及质量措施的实施，提高了工程的整体质量。为使质量全面创优，项目部建立梯度递进的激励机制，大力开展以质量安全为核心的劳动竞赛，围绕一个"精"字，按照"机械化、信息化、工厂化、专业化"四化建设要求，建立钢结构加工厂和混凝土拌和站，采用专业化施工作业队，重点配置了阿特拉斯全电脑三臂凿岩台车、三臂拱架安装台车等机械化配套设备，在保障安全的基础上，实现了内实外美的工程质量目标，受到社会各界领导的高度评价。

Q：八达岭长城站是京张高铁全线的重难点工程，这个"超级工程"充分展示"中国基建"的实力，也将深刻地改变人们的生活，这个"超级工程"如何建起来？有哪些不为人知的细节？

A：京张高铁八达岭隧道的施工确实面临"三座大山"——地质复杂容易塌：八达岭隧道所处区域，地质断裂构造较为复杂，洞身穿越两条断层，存在岩爆、湿陷性黄土、软岩大变形等高风险地质，属于极高风险等级的施工项目，稍有不慎，就会引起坍塌。地形起伏相当大：由于隧道穿越军都山，两边高中间低，地形起伏较大。这一方面导致进入隧道施工主战场的斜井横断面太小，7.5米的宽度和6.5米的高度，无法容纳大直径盾构掘进机；另一方面，斜井必须依从山体坡度走势，经历大转弯，才能进入隧道施工面。地下涌水频频发：地下施工最怕碰到暗河或地下水。风枪打孔中突然涌水，不仅会淹没机器设备，影响人身安全，高水压还有可能导致塌方。

回望奋斗历程，这是一段全体参建员工用智慧和汗水，将中铁五局长大高风险隧道施工的金字招牌越擦越亮的奋斗历程。

中铁五局副总经理、局京张高铁指挥长陈彬
以下 A 为陈彬

Q：第一次见到您是在地下 102 米的新八达岭隧道里，"吃得苦、霸得蛮、耐得烦、敢为人先"是你们湖南人的品质，您怎么与隧道、与京张高铁结缘的？

A：我 1989 年毕业至今，已经在工程领域耕耘了 30 多年，在中国中铁五局集团有限公司先后当过作业队技术主管、项目总工程师，局副指挥长、指挥长、安全总监、总经理助理。每一个岗位都是一种挑战，也是一种责任。作为一名工程人，我从不同角度触摸隧道、参与京张建设，既是一种幸福，也是一种责任。

在詹天佑雕像的脚下修高铁，我每天都有一种神圣感，感觉 100 多年前铁路先驱的目光时刻在注视着我——新一代的高铁人。

我第一次全面负责施工的项目是青藏铁路西格二线，地处海拔 3000 米以上，我是第四任指挥长，前面 3 任同志都因高原反应而离开。领导找我谈话

八达岭隧道贯通
京张高铁八达岭长城站顺利封顶现场

的第二天我就来到位于德令哈的工地。至今，这个项目每一段线路的改造成功、每一个区间的开通我都记得清清楚楚。

2016年8月，我已在中铁五局集团安全总监岗位任职6年，工作非常顺利。当时我已经50岁了，可能以后就在局机关退休了。然而就在那个月，局领导电话通知我上京张高铁项目。讲实话，京张高铁项目地处八达岭核心风景区，施工组织难度很大、技术复杂，而且工期要求紧、国人关注度高。可是对一名工程人来讲，遇到这样的工程也是一生的幸运，我有一种见猎心喜的感觉，当天晚上便乘上了长沙到北京的列车。

Q：在八达岭长城脚下建精品智能工程，对一个50多岁的工程人来讲，也一定会是一种全新体验，请与我们分享一下。

A：八达岭长城站的施工，深埋在102米的地下，建筑面积3.98万平方米、相当于6个足球场大，而且最大跨度达32.7米、最大断面近500平方米，这在国内外均属首次。

我和团队决定以创新为手段，打造精品地下工程。经历了1000多个日日夜夜的奋斗，看到车站通车运营，我心底有一种父亲看到孩子茁壮成长的幸福感。

什么是幸福？我的感受就是醉心于挑战、甘心于吃苦、痴心于技术、热心于管理，对工程倾注满腔感情和全部生命，把工程与自己融为一体，通过努力让梦想成真。

中铁五局施工人员正在用挂布台车对隧道进行支撑乔

第四节

用智能建造勾勒出中国高铁最美"工笔画"

对话中铁电气化局集团副总经理毛明华

京张高铁四电系统集成工程于 2018 年 5 月 26 日正式进场施工，2019 年 8 月 25 日实现接触网全线贯通。在一年半的建设过程中，中铁电气化局集团用创新奉献打造"冰雪奇缘"，用智能建造勾勒出中国高铁最美的"工笔画"。

施工人员在架线

Q: 作者

A: 中铁电气化局集团副总经理毛明华

施工人员在加紧施工

Q：铁路"四电"工程包括通信工程、信号工程、电力工程和电气化工程，被誉为高铁的神经系统、指挥系统。我们如何在京张高铁上构建精品工程的建造标准？

A：2018年8月19日，中铁电气化局千名建设者移师长城脚下，京张高铁"四电"工程全面开工。

科学严谨的管理体系是打造"四电"精品工程的基础。为加强有效管控、优化项目管理架构，中铁电气化局将原项目管理两级的组织机构强化为集团公司、工程指挥部、专业项目部、作业队加生产资源管理中心的"4+1"管理模式，增强了项目总体管控能力。

为加强资源统筹调配，指挥部在河北怀来建设升级版的生产资源管理中心，将调度指挥及智能培训中心、智能预配中心、检验检测中心、智能物资管理中心、安全体验区集聚为一体，打造更节能高效的多功能生产基地。

在这里,通过"四电"设备管理系统,实现物资从计划、采购、入库验收、据单发料、安装记录全方位闭环管理,并配备智能检验检测设备实现加密抽检;采用 VR 虚拟演示安全教育模式,配以音效、解说以及一体机的动态效果,让作业人员对高空坠落、机械伤害、触电伤害等达到身临其境的体验效果。

Q:京张高铁的"四电"工程有哪些难度和创新?

A:京张高铁全线几乎涵盖我国高铁建设的所有特点,海拔落差超过 1500 米、气温变化超过 60 摄氏度,穿越城区、库区、山区,线路包含有砟段和无砟段,设计时速包括了从 350 公里到 120 公里的 5 个速度值,不同地域和时速对弓网关系的可靠性提出了更高质量的保障要求。为建设"精品工程、智能京张",中铁电气化局全面推行"信息化、专业化、机械化、工厂化",精益施工。

选派系统集成管理经验丰富的人员组建指挥部,细化分解施工工序,用"专业的人干专业的事",确保工艺标准真正落实、落地。

应用数控技术,研制升级了第二代接触网自动化预配平台,对"四电"施工中的接触网腕臂、吊弦、吊索、拉线和电力变电母线等部件实施工厂化预配。利用自动控制技术提升传统预配平台智能化水平,实现了送料、切割、打孔、安装、组配等自动操作,使腕臂预配精度从允许 5 毫米正负误差提高到了 2 毫米,预配效率提高了 2 倍;吊弦预配精度从 1.5 毫米正负误差提高到了 1 毫米,预配效率提高了 3 倍。

通过提升工程建设"四化"水平,京张高铁电气化施工实现了野外高空作业向精确测量、精准计算、自动化预配、专业化安装的转变,实现了由劳动密集型向自动化、机械化、智能型转变,为创建精品工程提供了保证。

Q:京张高铁开启了我国智能高铁的新时代,我们在智能建造领域有哪些突破,对人们未来的出行有哪些便利?

中铁电气化局参建的京张高铁进行接触网架线作业

A：在京张高铁建设中，中铁电气化局将智能物联网、智能机械预配、智能施工生产管理平台和现场视频监控等新技术与施工生产深度结合，不断丰富智能建造的内涵，不断提升智能建造水平。

项目部建设了智能牵引供电调度系统和智能牵引供电运营维护管理系统，运用信息化、网络化、自动化手段，集成先进的测量、传感、控制、人工智能等技术，实现"全息感知、多维融合、重构自愈、智能运维"功能，确保高标准、高质量、一次成优。

为提升全线运营的智能化程度，项目部首次应用了机器人巡检技术，引入了基于大数据的健康自诊断系统；在全线还引入了自然灾害监测系统，对大风、雨雪、地震、落石滑坡等自然灾害进行实时监测，辅助列车自动驾驶，做出减速、停车判断；在京张线最大的换乘站清河站，安装了智能化垃圾处理系统，自动化输送、分拣，实现了垃圾这边丢进垃圾箱，那边就可进入回收站。

夜幕中，电气化施工人员在调整线路

第五节

"逆天设计"续写京张不朽丰碑

对话中铁工程设计咨询集团有限公司设计团队

　　站在青龙桥畔，长城巍峨，铁路蜿蜒。百年前由詹天佑先生设计建造的京张铁路在这里与京张高铁交会，形成一个"大"字形的"图腾"。

　　高铁建设，设计为先。一流的高铁必须有一流的勘察设计团队。这个团队就是中铁工程设计咨询集团有限公司的 300 多名优秀设计师。他们用 7 年时光量天测地、踏遍青山，续写了京张这座不朽丰碑。

Q: 作者

A: 中铁工程设计咨询集团有限公司设计团队

隧道设计剖面图

Q：京张铁路在中国铁路建设史上具有里程碑的意义，京张高铁是新时代中国铁路建设的缩影。京张高铁穿越长城，这两个都是中国的"符号"或是"名片"，把高铁与长城文化交织融汇于一体，在设计上是如何考虑的？

A："付出前所未有努力，创造世界一流设计。"这是设计师们的共同心声。京张高铁设计团队把"古老传统的历史长城，包容创新的人文京张"的核心设计理念，体现在每一个设计细节中。

如全长 12.01 公里的新八达岭隧道，连续穿越居庸关、水关、八达岭长城及百年京张铁路，设计师们将长城文化与现代高铁有机结合，采用绿色环保景观设计，实现了与周边环境相协调，高铁隧道与环境和谐共生。

再比如，官厅水库特大桥是京张高速铁路上的重点控制性工程之一，桥梁全长 9.08 公里，充分体现了"轻质、大跨、环保"的现代铁路桥梁建设理念。大桥有八个造型优美的曲弦桁梁，犹如八道长虹，跨越宽阔平静的官厅水库，与水面交相辉映，成为一道亮丽的风景线。

连接两座隧洞间的桥梁

　　Q：京张高铁穿越山脉、水库、自然和遗址保护区，如何保障高铁建设与环境保护并重？

　　A：京张高铁穿越八达岭长城世界文化遗产核心区，必须实现工程建设与环境保护并重。

　　对路基、桥梁、隧道及其他相关场地进行绿化和景观设计；采用跨区间无缝线路、声屏障和隔声窗等进行降噪减振设计；在桥涵设置声屏障，减少铁路运营噪音对环境的影响；为不压缩天然河道，桥墩尽量采用流线型，桥下地段均种植绿化草木。

　　比如太子城站是服务北京冬奥会的重要车站，建筑掩映于山水之中，形成"云中之雪、雪中之云"景观。站前广场考虑各种车辆等接驳条件，环形长廊连接站房与换乘设施，同时将站前景观与湿地公园环抱其中，象征着"奥运之环"。站房的弧线与湖中倒影交相辉映，"奥运之眼"跃然眼前，预示崇礼走向世界。

高铁车站设计效果图

Q: 京张高铁设计采用创新性 BIM 技术，团队是如何来完成这个历史使命的?

A: 京张高铁所经地区外部环境复杂，环境要求高，包含八达岭长城站等重难点工程"一桥两站三隧"。参与专业包含线路、轨道、地质、桥梁、隧道、变电、通信、防灾、暖通、环保等 23 个主要专业，专业间协调难度大。这是中国首次全线、全专业、全生命周期采用 BIM 技术来完成如此高难度的高速铁路项目。

我们的项目团队通过 ProjectWise、MicroStaion、OpenRoads、ABD 等一系列 Bentley 软件完成了 BIM 项目从工作环境搭建、全专业协同设计工作开展、模型审核、装配、成果精细化管理及交付等一系列工作。例如，在八达岭长城站的建设深达地下 102 米，创造了许多世界之最: 世界上规模最大的暗挖地下车站; 国内最复杂的暗挖洞群车站; 国内旅客提升高度最大的高铁地下站; 国内单拱跨度最大的暗挖铁路隧道。

京张高铁张家口站设计效果图

第六节

打造百年精品工程，铸就"冬奥梦"

对话中铁四局崇礼铁路三标项目建设团队

太子城隧道贯通仪式

百年铸国脉，一梦祭先贤。

由中国中铁四局承建的崇礼铁路三标项目线路全长 8.9 公里，包括"一站、二隧、三桥"，分别为太子城站场、青羊隧道、太子城隧道、鹰窝沟大桥、青羊沟大桥和太子城特大桥。项目于 2016 年 12 月 1 日开工建设，2019 年 12 月 30 日竣工。

Q: 作者

A: 中铁四局崇礼铁路三标项目建设团队

站房施工现场

Q: 京张高铁是北京冬奥会的重点保障工程，在施工中，尤其是冬季施工遇到很大困难，建设团队是如何克服这些困难的?

A: 京张高铁施工现场在崇山峻岭之中，尤其是冬季，风沙大气温低。中铁四局进场之时正是严冬季节，我们的建设人员一下车就有深切的体会。

那是白茫茫的山和望不到头的冰河，不停地击打着脸的狂风，让每个人都倒吸了一口凉气。这里常年温度在 4.2℃到 -35.5℃之间，年有效施工时间不足 250 天。

项目负责人丁亚文想到了北京的詹天佑纪念馆，想到了 100 多年前，我们的先辈们是如何在这样艰苦的环境、没有大型机械设备条件下完成京张铁路建设的。先辈们的精神必将感染、激励我们新时代的建设者。

在后来的工程建设中，"詹天佑精神"成了建设者自强不息、鼓舞斗志、激励争先的强大动力。

Q：在京张高铁，中国"智造"处处可见。建设者们如何在建设过程中体现智能制造的？

A：京张高铁是世界上首条全线采用智能技术建造的高铁，全生命周期都有大数据支撑，并存有"健康档案"。

中铁四局崇礼铁路三标项目为此创造性地打造了智能管理中心，集成了6大系统，通过实时监测，确保安全质量可控。智能管理中心成立以来，电子施工日志及检验审批系统审批4.7万条信息，沉降观测系统监控12.9万条信息，连续压实系统监测6.4万条信息，工程影像系统收录6.8万条信息，拌合站及试验室系统收录7.3万条信息，视频监控系统实时监控全天候工作，实现了智能管理全程化。

业主组织全线观摩智能管理中心时指出，中铁四局的大数据管理既有助于提高安全质量管理水平，也是打造智能京张的重要途径，值得各单位加强学习。

工人正在施工

Q：京张高铁要打造百年精品工程，这对我们施工提出了什么新的要求，我们又是如何保障这一精品不在我们手上褪色的？

A：在建设中，中铁四局力争用科技创新来打造百年精品工程。局领导特别提出，"全线有多家中字头企业，要想当排头兵必须要有拿得出、叫得响、有实效的工艺创新。"

为了提高科技攻关成员的知识水平，项目部专门邀请西南大学隧道爆破专家张继春教授针对隧道光面爆破技术现场教学。项目部领导班子带队到施工现场讲解工装、工艺关键环节知识，带头对湿喷机械手、液压栈桥、三臂凿岩台车工装进行改良，在项目营造了良好创新氛围。

46岁的四川籍农民工班组长徐小平是太子城隧道出口班组的一位农民工。为集中精力攻克施工难题，他放弃了回家过年。

针对 -34℃的室外自然环境，结合自己多年在施工现场积累下来的经验，从钢筋绑扎、模板固定、浇筑振捣等环节逐一演练，他将毛刷和钢丝刷整合，外层毛刷涂油，内层钢丝刷可以进一步清理模板上预留的水泥点，轻松还省力。他还用废弃钢筋制作了一个模板行架，作业前将行架固定在模板上，振捣时模板不会变形，通过实施隧道水槽电缆槽平顺度有了很大的提升。

一名农民工正在施工

太子城站场

第七节

燕山脚下再相逢

对话中铁六局北京铁建公司副总经理、总工程师袁悦

京张高铁南口高架特大桥 80 米系杆拱

　　100 多年前，詹天佑带领一个英雄的团队，攻坚克难修建了举世瞩目的京张铁路；100 多年后，在同一个地方，沿着同一个方向，也有这么一支队伍——中国中铁六局集团北京铁建公司的建设者们，秉承天佑精神，再展京张风采。

Q: 作者

A: 中铁六局北京铁建公司副总经理、总工程师袁悦

Q：中铁六局在施工中有哪些难啃的"硬骨头"？

A：中铁六局北京铁建公司承担京张高铁 2 标施工任务。2 标途经地区虽然没有太多高山大河，但是要穿过北京六环路、京新高速公路、S216 省道、G6 高速公路，施工中遇到的"硬骨头"并不少。标段内重难点工程主要包括昌平高架特大桥、南口高架特大桥、连续梁跨 S216 省道及京藏高速公路、南口隧道。其中，昌平高架特大桥属营业线施工，安全风险高，施工过程受作业空间限制较大。

京张高铁昌平特大桥

Q：我们了解到，南口高架特大桥挂篮悬浇墩顶转体跨京藏高速公路是六局施工中的重中之重。这一工程有哪些难点，我们又是如何克服的？

A：京藏高速公路车速快，流量大，施工安全标准要求高，特别是高空防坠物、保证行车安全和施工人员人身安全卡控，是工程难点。

高铁线路和高速公路并行

　　除跨京藏高速公路转体桥外，2标桥梁均采用现浇梁施工，南口高架特大桥部分桥墩使用移动模架施工。移动模架设备是目前世界桥梁施工中较为先进的桥梁施工设备，对地形、地质、桥梁高度等条件的要求不高，且对周围环境影响较小。

　　除南口高架特大桥施工外，隧道二次衬砌施工采取衬砌施工成套技术，该技术在提高作业效率、减轻作业人员劳动强度、降低施工成本、保证工程质量方面均有显著成效，对解决隧道衬砌质量"顽疾"有很强的针对性、适用性、有效性。

京张高铁南口隧道施工照片

京张高铁南口隧道

Q：在京张高铁建设过程中，我们是如何继承发扬"天佑精神"的？

A：100多年前，京张铁路施工进入南口境内后，詹天佑将办公室搬到南口一间石砌墙壁、铁皮盖顶的屋子里。他日夜守在工地上，下决心一天不完成这段工程就一天不回北京。

今天的建设者虽然掌握世界先进的施工技术，但仍以同样的方式向詹天佑学习，向经典致敬。

京张高铁施工期间，中铁六局集团北京铁建公司执行董事、党委书记占有志将办公地点从公司机关搬到了北京郊区的项目部。他牵头成立现场推进小组并担任组长，每周至少组织3次碰头会，详细梳理现场工程量。

针对已有工作面，我们配足资源，建立日进度报告制度和督导组例会制度，形成严谨、高效、机动的督导推进体系，严格把控、层层推进，确保了工程顺利进行。

中铁六局集团承担的太子城站施工

秋日里，"复兴号"列车行驶在京张高铁大桥上

第八节

6000 多米的清华园隧道如何贯通?

对话中铁十四局清华园隧道技术负责人高始军

一条铁路,连接过去和未来。抚今追昔,穿越时空的对话,映照出中国"智能建造"的魅力。

京张高铁建设中,6000 多米的清华园隧道倾注了中国铁建建设者们的心血和智慧,也留下一段段创新不止、奋斗不息的佳话。

工人正在清河站加紧施工

Q: 作者

A: 中铁十四局清华园隧道技术负责人高始军

Q: 清华园隧道是全线控制性工程，请您介绍一下它的难点。

A: 清华园隧道是京张高铁的"龙头"工程，也是全线控制性工程。隧道沿线管道密布，风险源众多：穿越北京高楼林立的核心区，并行地铁 13 号线，穿越地铁 10 号线、12 号线、15 号线；穿越 6 条市政主干道、88 条市政管线；盾构掘进区间有 3600 米为复杂卵石地层。

地质复杂，管线干扰大，整个施工就像做一台精密的手术，稍有不慎，后果不堪设想！在城市核心区惊险穿越，在二环和五环之间，地质复杂多变，地面人流如织，地下施工必须确保安全，不能有任何闪失。

清华园隧道是全线站前工程中进场最晚、干扰因素最大、风险等级最高、制约因素最多的关键控制性工程。不打破常规，不独辟蹊径，如期完成隧道建设，几乎是不可能的。

Q: 100 多年前，京张铁路沿线隧道只能靠放炮打眼、人拉肩扛，京张高铁清华园隧道如何用现代科技手段展开联合攻关的？

A: 项目进场之初，我们就成立了科技攻关小组，联合科研院校，确定如何安全穿越"城市核心地区"的课题。然而，国内盾构施工没有相关经验可借鉴。面对这一空白领域，我们经过数月的研究论证，投入力量开发可视化智慧施工系统，使施工和管理更"智慧"，隧道在极端复杂的地下环境中自由"穿越"。

这一系统包括施工参数、过程监测、地质预测等，实现全过程可视化动态管理。每一台盾构机都搭载了几千个传感器，都具有感知、修正和自动调节功能，设备状况、地下工作情况等数据，都直接上传到中铁十四局的全国大盾构数据指挥中心，盾构专家 24 小时提供远程监控和技术服务。

清华园隧道"天佑号"盾构机始发现场

Q：清华园隧道进场晚，工期相对较短，如何保证施工进度？

A：保质按期完成京张高铁全线控制性工程，是建设者面临的重要课题。

进场之初，中国国家铁路集团提出隧道轨下结构全预制创新理念，中铁十四局大盾构团队建设者勇做"吃螃蟹"第一人，联合设计方进行技术攻关。

在摸索中，我们创新性地提出全预制轨下结构施工工法，研发了盾构隧道全预制拼装技术，实现隧道管片、轨下箱涵、附属沟槽全部"装配式"施工，把轨下结构由原来中间预制"口子件"＋两侧现浇调整为全预制，将两侧现浇电缆槽调整为预制结构，实现了国内首次轨下结构和附属管槽全预制拼装。

技术人员在盾构机控制间操作

　　我们还聘请专家协助优化方案，联合设计院进行论证，最后参照盾构机的中箱涵拼装机，研发出箱涵拼装机器人，能够安全、高效、精准地将轨下箱涵构件安装到指定位置，实现了工厂化预制、装配式施工，减少了工序之间的相互干扰，极大改善了以往隧道内交叉施工干扰造成的空气污浊的恶劣环境。该拼装机器人已取得专利。

　　用拼装机施工，两名工人一天即可拼装 40 米，而混凝土现浇 40 米，则需要 10 多个人一周多的时间。整个下部结构同步施工缩短工期近 6 个月。

清华园隧道贯通 盾构机破洞而出

第九节

3000 精兵攻克"咽喉工程"

对话中铁隧道局正盘台隧道建设团队

正盘台隧道全长 12.974 公里，是崇礼铁路上最长的隧道，是绝对的"咽喉工程"。这一地段形成于 2 亿年前的火山岩，地质结构极其复杂，施工难度极大。中铁隧道局 3000 余名建设者历时两年半终于贯通此隧道。

京张高铁现代化铺轨设备与 110 年前人工铺轨形成鲜明对比

Q: 作者

A: 中铁隧道局正盘台隧道建设团队

京张高铁施工难度最大的隧道——正盘台隧道开始铺轨

Q：请介绍一下正盘台隧道有哪些重大难点，为什么被称为"咽喉工程"？

A：正盘台隧道位于张家口市宣化区和崇礼区交界处的群山里，在漫长的地质构造中被反复挤压、风化、侵蚀、水溶，变得极其破碎，岩性均匀性差。而且隧道还处于30‰的连续长大坡道内，且隧道下穿古长城，施工难度极大。

正盘台隧道具有四大难点：

一是地质条件复杂。隧道穿越侏罗系多期喷发火山碎屑岩，岩层在各期有间断，造成正常岩体中分布有透镜状软弱夹层，地层相变大，岩性均匀性差，其软弱夹层分布具有不确定性。

二是涌水量大。隧道处于富水区，断面大、节理裂隙发育，存在突泥涌水、塌方、岩爆等安全风险。

三是隧道下穿古长城，爆破允许振速0.1厘米／秒，须采用爆破监测仪控制爆破振速，以有效保护古长城结构安全。

俯瞰正盘台隧道

四是隧道内存在两处井泉，须防止水土流失，环水保要求高，生态环境脆弱。

Q：请简要介绍一下正盘台隧道的建设过程？

A：工程自 2016 年 9 月开工以来，面对复杂的隧道地质条件，建设者们采用增加支洞、泄水洞、施工平导等措施，实现"长隧短打"、洞中有洞的格局，并实施全工序机械化配套施工。施工中共取得了 12 项科研成果，包括超前地质预报技术、机械化配套升级、多工作面通风技术等领域。

根据施工进度安排，正盘台隧道的整体道床在 2019 年的 4 月底完成。施工完成以后，就交付铺架单位进行铺轨作业。铺轨作业完成、整个四电系统联调联试后交付铁路局进行运营施工，最后正式通车。

Q：正盘台隧道施工过程中在人员最多的时候共调集了 3000 余名建设工人，是京张高铁各个标段建设中参建人数较多的。请介绍一下当时的情况。

A：正盘台隧道开工后，中国中铁隧道局集团项目部人员总数由大约 1500 人增加到了 3000 余人。大举增兵正盘台隧道后，配备了 9 条机械化作业生产线，实现全机械化配套施工。除盾构机外，世界一流的隧道施工装备，这里几乎都有。超前地质钻机可以精准探明前方十几米处围岩和含水情况；自动智能蒸养台车能自动生成温度曲线、报表；自动控制温度、湿度，提升混凝土强度；还有智能衬砌模板台车等。

2018 年 11 月 11 日，崇礼铁路正盘台隧道顺利贯通。2022 年北京冬奥会开幕时，旅客乘坐列车只需 3 分钟便可穿越近 13 公里的正盘台隧道。

作为 2022 年冬奥会重点配套交通工程，京张高铁崇礼支线南起京张高铁下花园北站，北到崇礼区太子城奥运村，线路全长 53 公里。该项目于 2019 年底建成通车后，与新建京张高铁主线形成北京市区至张家口崇礼奥运核心区便捷、快速的客运通道。

正盘台隧道铺轨

世界上最先进的智能型复兴号动车组列车穿越长城